수학탐정 매키와
수학도둑 누팡의 대결

일러두기

- 이 책은 두리미디어에서 3권까지 발행한 『수학탐정 매키와 누팡의 대결』을 5권 완간으로 새롭게 펴낸 책입니다.
- 이 책은 '꿈수영(꿈꾸는 수학영재)' 시리즈의 네 번째 책입니다. 꿈수영 시리즈는 초등수학을 공부하는 데 유익한 수학동화 시리즈입니다. 대치동에서 수학동화 읽기와 탐구노트 쓰기로 입소문 난 매쓰몽의 교육 노하우로 만든 책들로 구성했습니다.
- 수학동화를 이용한 수학수업과 수학탐구노트 쓰기와 관련된 더 많은 자료는 네이버 매쓰몽 카페(http://cafe.naver.com/brenos)와 블로그(http://blog.naver.com/tndhkqnr86)를 참고하시기 바랍니다.

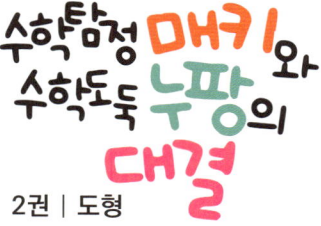

초판 1쇄 찍은날·2023년 5월 1일
초판 1쇄 펴낸날·2023년 5월 8일
펴낸이·박정희 | 펴낸곳·수와북 | 출판등록·제2013-000156호
주소·서울특별시 강남구 선릉로 120, 3층
전화·02-6731-1743 | 팩스·031-911-7931
이메일·pjh0812@naver.com

ISBN 979-11-92633-63-3 (73410)

- 책값은 표지 뒤쪽에 있습니다.
- 파본은 구입하신 서점에서 교환해 드립니다.

꿈수영(꿈꾸는 수학영재) 시리즈 4
• 수학탐정편 2 •

수학탐정 매키와 수학도둑 누팡의 대결

2권 | 도형

정완상 지음 | 김예림 그림

흥미진진한 탐정 이야기로 익히는 초등 수학의 전 과정!

수와분
The Story of Math

머리말

'꿈수영' 시리즈 네 번째 책을 펴내며

'어떻게 하면 수학을 재미있게 공부할 수 있을까?'

많은 친구들이 수학은 재미없고 어렵지만 중요한 과목이라서 억지로 공부한다고 말합니다. 숫자만 가득한 식을 계산하라고 하면 수학이 싫어지겠죠? 하지만 수학은 재미없고 어려운 과목이 아니랍니다.

오랫동안 수학을 가르치면서, 어떻게 하면 수학을 재미있게 공부할 수 있을지 고민했답니다. 그러다 수학동화를 읽으면 어렵게 느껴지는 수학이 재미있어지고, 탐구노트를 쓰면 수학적 사고력과 창의력을 기를 수 있음을 알게 되었죠.

그래서 2010년 대치동에서 브레노스(지금의 매쓰몽)라는 학원을 개원하고 초등학생들과 함께 수학동화를 읽고 토론하며, 그 주제를 확장시켜 탐구노트를 쓰면서 수학을 재미있게 공부했답니다. 실제로 이렇게 수학동화를 읽고 탐구노트를 쓰며 수학적 사고력과 창의력을 키운 덕분에 전국경시대회에서 대상을 받는 친구들도 있고, 대학부설 및 교육청 영재교육원에도 많은 친구들이 합격했어요. 특히 사고력 문제와 서술형 시험에서 뛰어난 성과를 거두었죠.

한 달에 두 권 정도의 수학동화를 읽고 탐구노트를 쓰는 것만으로도 수학 공부를 충분히 할 수 있다는 것을 경험한 우리는, '꿈수영(꿈꾸는 수학영재)' 시리즈를 기획하게 되었습니다. 꿈수영 시리즈는 초등수학 교과과정을 재미있게 공부할 수 있도록 만든 수학동화 시리즈입니다. 초등수학의 교과과정은 '수와 연산', '도형', '측정', '규칙성', '자료와 가능성'으로 영역이 나뉩니다. 그런데 수학을 진짜 잘하기 위해서는 이 영역 외에도 읽어야 할 책들이 있답니다. 바로 '사고력'과 관련된 책들입니다.

'꿈수영(꿈꾸는 수학영재)' 시리즈의 네 번째 책인 『수학탐정 매키와 수학도둑 누팡의 대결-2권 도형』은, 수학탐정 매키와 수학도둑 누팡이 대결하는 이야기를 통해 문제가 어떤 답을 요구하는지, 그리고 문제에 어떻게 접근해야 하는지를 알려줌으로써 스스로 수학 문제를 해결하는 능력을 기르도록 했습니다. 어린이들이 좋아하는 탐정 이야기를 통해 수학 문제를 스스로 생각해 나가면서 깨칠 수 있도록 만든 책입니다. 기계적으로 외우기만 하거나 같은 문제를 반복하여 푸는 수학 공부법보다는 스스로 생각하면서 수학 문제를 정복해 보는 훈련이 수학 실력 향상에 큰 도움이 될 것입니다. 이 책이 여러분에게 좋은 친구가 되어 주기를 바랍니다.

수학탐정 시리즈를 펴내며

　수학은 계산이 아니라 논리입니다. 논리적으로 생각하는 것이 수학을 잘하는 방법이지요. 계산만 반복하면 수학자가 아니라 계산도사가 될 수 있습니다. 계산도사들은 논리를 요구하는 수많은 문장형 문제를 접하게 되면 어려움을 느낄 수 있습니다. 이러한 문장형 문제를 마주치면 논리적으로 생각해 문제를 푸는 순서를 만들어야 합니다.

　이 시리즈는 수학 논리가 뛰어난 매키라는 소년과 수학도둑 누팡의 대결을 통해 수학 논리를 키우는 방법을 재미있게 소개하고 있습니다. 많은 어린이들이 탐정 이야기를 좋아합니다. 저 역시 어린 시절에 괴도 루팡, 셜록 홈즈와 같은 책을 많이 읽었습니다.

초등학교의 수학 과정은 다음과 같이 다섯 개의 영역으로 분류됩니다.

1. 수와 연산
2. 도형
3. 문자와 식
4. 규칙성과 함수
5. 경우의 수와 통계

따라서 이 시리즈 역시 전체 다섯 권을 통해 초등 수학의 전 영역에서 다루는 사고력 문제를 다루고 있습니다. 기계적으로 외우기만 하거나 같은 문제를 반복해서 푸는 수학 공부보다는 스스로 생각하면서 수학 문제를 정복해 보는 훈련이 수학 실력 향상에 도움이 됩니다. 그런 이유로 어린이들이 좋아하는 탐정 이야기를 통해 수학 문제를 아이들이 스스로 익힐 수 있도록 이 책을 집필했습니다.

매키와 함께 사건을 해결하다 보면 논리력과 사고력을 키우게 되고 문제해결 능력을 키울 수 있을 것입니다. 아울러 중고

등학교에 진학했을 때 맞닥뜨릴 수 있는 논리를 요구하는 수학 문제에도 대비할 수 있습니다.

  이 책을 내는 데 도움을 주신 수와북 출판사 여러분에게 감사의 마음을 전합니다.

국립 경상대학교 물리학과 교수 정완상

등장인물

*매키

IQ 160의 소유자로 초등학교에 다니는 수학천재 소년이다. 미소를 잘 짓고, 눈이 나빠 커다란 안경을 쓰고 다니며, 누가 봐도 모범생으로 보이는 소년이다. 항상 명랑한 편이며, 숫자를 한 번 보고도 외우는 능력이 있고, 로고스 시의 대학생과 견줄 정도로 수학 실력이 뛰어나다. 의협심이 강하고 호기심이 왕성하며, 뭐든지 겁 없이 도전하는 성격이다. 학교생활도 모범적이고, 친구들의 일을 자신의 일처럼 생각해 잘 해결해 주며, 용감한 성격으로 주저브 경감을 도와서 누팡과 맞선다.

*누팡

그가 왜 로고스 시에 왔는지 그가 왜 도둑질을 하는지에 대해서는 알려진 바가 없다. 하지만 그는 자신을 추종하는 몇 명의 부하와 함께 로고스 시에 은신하면서 수학을 이용해 도둑질을 일삼는다. 하지만 사람은 해치지 않으며, 어떨 때는 자신의 수학 실력을 뽐내기 위해 사건을 일으키기도 한다. 누팡은 과거에 수학 논문을 표절하여 학계에서 추방당한 젊은 수학자로 알려져 있다. 역삼각형 모양의 예리해 보이는 얼굴로 항상 선글라스를 쓰고 다니며 변장을 잘하는 것으로 알려져 있다. 20대의 나이로 알려져 있다.

*주저브 경감

로고스 시에서 조그만 경찰서를 지키면서 사건을 해결하는 혼자 사는 50대의 남자이다. 약간 보수적이고 수학 실력은 형편없는 편이어서, 매키가 없을 때는 누팡의 수학 속임수에 자주 당한다. 낮잠을 자주 자고, 똥배가 조금 나와서 민첩성은 없고 조금은 엄한 편이지만 매키와는 다정한 친구처럼 사이가 좋다.

*포터 형사

주저브 경감의 부하 직원으로 매키의 도움을 받아 주저브 경감과 함께 사건을 해결하곤 한다. 엄청나게 성실해서 주저브 경감이 낮잠을 잘 때도 증거를 수집하러 다니는 모습을 종종 볼 수 있다.

차례

머리말 ☆ '꿈수영' 시리즈 네 번째 책을 펴내며 • 04

지은이의 말 ☆ 수학탐정 시리즈를 펴내며 • 07

등장인물 ☆ 10

 **빡빡교의 황금별 – 도형의 넓이** • 14
수학특강 | 도형의 넓이 • 27

 총알의 지름 – 접하는 도형 • 30
수학특강 | 정삼각형의 성질 • 40

 누팡과 쥐들의 아파트 – 쌓기 나무 • 42
수학특강 | 쌓기 나무 • 56

 피카수의 신비의 물감 – 넓이 • 58
수학특강 | 도형 이동으로 넓이 구하기 • 68

 은행털이 탐 – 접힌 도형 • 70
수학특강 | 접힌 도형의 성질 • 82

 비밀금고의 암호 – 도형의 개수 • 84
수학특강 | 사각형의 개수 • 96

7장 호흡기 질환을 일으키는 주사위를 찾아라
– **주사위의 전개도** · 104
수학특강 | 정육면체의 전개도 · 114

8장 잃어버린 자동차 열쇠를 찾아라 – **도형의 합동** · 122
수학특강 | 합동의 이용 · 132

9장 리치 그룹 회장의 황금 정사각형 – **도형의 변환** · 134
수학특강 | 도형의 변환 · 146

10장 거울 살인 사건 – **반사의 수학** · 148
수학특강 | 거울의 수학 · 160

11장 수영장 익사 사건 – **부피** · 162
수학특강 | 물의 부피 · 170

12장 아이돌 스타와 안티팬 – **부피 구하기** · 172
수학특강 | 변형된 입체 도형의 부피와 겉넓이 · 181

13장 사라진 보물 – **입체 도형의 겉넓이** · 184
수학특강 | 정다면체의 종류 · 190

부록 탐구노트 쓰기 · 196

빡빡교의 황금별
-도형의 넓이

　얼마 전부터 주저브 경감은 잠시 경찰본부에 파견 근무 중이었다. 한적한 로고스 시에서 포터 형사와 함께 지낼 때에 비하면 경찰본부 근무는 너무 힘들어서 주저브 경감은 견디기 힘든 나날을 보냈다.

　그날도 주저브 경감은 초조하게 손목시계를 바라보았다. 퇴근 시간이 5분 정도 남았다. 의자에 엉덩이를 붙이지 못하고 뗐다 붙였다 반복하며 눈치를 살피고 있었다.

　"이제 퇴근해도 좋네. 흠."

　상사의 지시가 떨어지자마자 주저브 경감은 총알같이 경찰서를 나갔다.

　"쯧쯧. 저 사람은 요새 근무 태도가 왜 저래? 툭하면 지각에,

휴일에는 아예 휴대폰도 꺼 놓고. 도대체 어딜 싸돌아다니는 거야?"

"주저브 경감님이 요새 특이한 취미 생활에 빠졌다던대요?"

미스 레이버가 서류 뭉치를 챙기며 말했다.

"손으로 이마를 치면서 '리레꼴 리레얼'이라고 주문을 외운다더군요. 그렇게 하면 이마에 별 무늬가 나타나는데, 이마에 별이 있는 사람은 지구가 멸망을 해도 구원을 받을 수 있다나 어쨌다나. 저도 퇴근해도 되죠?"

미스 레이버는 간단히 목례만 하고 하이힐을 또각거리며 나갔다.

"지금쯤 주저브 경감님은 열심히 이마를 치고 있을걸요."

미스 레이버가 문을 닫고 나가기 전에 손으로 이마를 치는 시늉을 하며 깔깔깔 웃었다.

주저브 경감은 연신 땀을 닦으며 범인을 추적할 때처럼 짧은 다리로 재빨리 움직였다. 그가 도착한 곳은 평범한 일반 가정집이었다. 벨을 누르자 멜빵바지를 입은 남자가 문을 열어 주었다.

"어서 오십시오. 곧 집회가 시작됩니다. 리레꼴 리레얼."

남자는 정중하게 이마를 양손으로 번갈아가며 한 번씩 두드렸다.

주저브 경감이 들어간 곳은 겉으로는 평범한 가정집으로 보이지만 규모가 어마어마한 사이비 종교 집회 장소였다. 널찍한 홀에는 발 디딜 틈도 없이 사람이 빽빽이 서서 교주가 나타나길 기다리고 있었다. 홀 제일 앞에는 교주가 연설을 할 수 있도록 마이크와 칠판이 마련되어 있었다.

"우리 빡빡교는 정말 대단해! 우리 아들이 이번에 브리지 대학에 붙었다니깐."

"우리 남편은 이번에 승진했어요."

"요즘에는 시대가 영 불안해. 핵실험에다가 전쟁에 테러까지, 내 목숨이 위태위태하다니깐. 나는 이 이마에 별이 새겨질 날이 머지않았으니 구원을 받을 수 있을 거야."

주저브 경감은 사람들의 대화를 듣고 더욱더 열심히 이마를 쳤다. 빡빡교 교주는 말했다. 열심히 이마를 치면 언젠가는 이마에 황금색 별 모양이 나타날 것이고, 이 별을 지닌 사람은 모든 재앙에서 구출될 수 있다고! 빡빡교 교주가 한 말을 주저브 경감은 다시 한 번 되새겼다.

"자, 여러분. 교주님 나오십니다."

이윽고 머리가 반만 벗겨지고 이마에 황금색 별이 있는 교주가 양손으로 이마를 번갈아 치면서 등장하였다. 교주가 나타나자 신도들도 덩달아 박자를 맞추며 이마를 쳤다.

"내가 누구게?"

교주가 물었다.

"나는 빡빡교 교주 멍빡이다. 리레꼴 리레얼."

"리레꼴 리레얼."

신도들도 따라했다.

"오늘 우리 빡빡교에 경사가 났어. 내가 어마어마한 계시를 받았거든. 자, 이것을 봐."

교주는 자신의 뒤에 있던 천을 벗겼다. 천을 벗기자 황금색의 커다란 별이 찬란한 빛을 내뿜고 있었다.

그 별은 크기가 같은 정삼각형 두 개가 겹쳐진 모습이었고, 두께는 1cm, 그리고 별 전체의 넓이는 48cm^2이었다.

"이건 진짜 금이야. 순금이라고! 이 금의 기운을 받는 자는 고통에서 구원받는다고 어젯밤 꿈에 마빡신이 나타나셔서 내게 말해 주셨어. 이 황금별 휘장이 앞으로 우리 빡빡교의 거…… 무슨 코트냐."

교주 멍빡이가 옆에 있는 수행원을 쳐다보았다. 수행원이 작은 소리로 속삭였다.

"마스코트요."

"그렇지. 이 황금별 휘장이 앞으로 우리 빡빡교의 마스코트가 될 것이여."

"오, 마빡신이시여. 리레꼴 리레얼."

신도들은 더욱더 열심히 이마를 쳤다.

"근데 저 휘장 말이야. 진짜 순금이면 돈이 엄청나겠는걸."

"요새 금이 얼마나 비싼데. 역시 우리 교주님은 능력 있으셔."

신도 두 명이 황금별에서 눈을 떼지 못한 채 말했다. 주저브 경감도 황금별의 기운을 받기 위해 더욱 열심히 이마를 쳤다.

다음 날도 빡빡교 집회장에는 신도들이 구름떼처럼 몰려 있었다. 주저브 경감도 눈치를 살피며 칼퇴근을 하고 곧장 달려와서, 열심히 이마를 치며 별이 언제쯤 이마에 나타날지 손거울로 자신의 얼굴을 보고 있었다.

"어머, 스톤헤드 씨, 이게 뭐예요? 아니 갑자기 웬 금팔찌예요?"

"요즘 빡빡교 때문에 사업이 잘 풀려서 하나 샀습니다. 하하하. 그러는 실리 양도 못 보던 금반지를 끼고 있네요."

"아하. 이거 어제 마이클한테서 청혼을 받았거든요. 호호호. 빡빡교를 믿으니 정말 행운이 호박째로 굴러오네요. 근데 스톤헤드 씨."

실리 양이 갑자기 목소리를 낮추며 말했다.

"저기 저 사람 말이에요. 만날 돈 없다고 징징대던 가난한 사람이 평소 못 보던 금목걸이를 하고 있어요. 이름이 팡누라고 했었는데."

실리 양이 목소리를 낮추어 말했지만 옆에 있던 주저브 경감한테까지 들렸다. 주저브 경감은 실리 양이 가리킨 사람을 힐끔 쳐다보았다. 낯이 익은 얼굴이었지만 기억이 안 났다.

"자, 교주님 등장하십니다."

교주는 늘 그렇듯이 이마에 새겨진 황금별을 손으로 치면서 나타났고, 황금별 휘장을 가려 놓은 천막을 벗겼다.

"헉!"

"이럴 수가!"

신도들은 물론이고 멍빡이 교주도 너무 놀라서 그 자리에 가만히 서 있었다. 간밤에 황금별의 여섯 개의 꼭지가 잘려나가고 이제는 별이 아닌 육각형이 되어 버린 것이다. 그리고 육각형 별의 넓이는 24㎠였다.

"경찰 불러. 폴리스!"

교주는 흥분을 하며 소리쳤고 주저브 경감은 재빨리 자신이 일하는 경찰서에 출동해 달라고 연락했다. 그리고는 앞으로 나갔다.

"여러분. 지금 그 자리에서 움직이지 말고 서 계십시오. 저는 경찰입니다. 저기 뒷문 좀 닫아 주세요. 한 사람도 못 나갑니다."

주저브 경감은 자신의 경찰 수첩을 보여 주며 외쳤다. 신도들은 침착하게 주저브 경감의 지시에 따랐다. 곧 사이렌 소리가 들리더니 경찰이 들어왔다.

"아니, 아저씨가 웬일로 현장에 이렇게 빨리 나타나셨어요?"

매키가 깜짝 놀라며 말했다.

"주저브 경감님이 다니신다는 곳이 여기였어요? 이마가 벌겋게 됐네요."

매키 옆에 있던 미스 레이버가 킥킥거리며 웃었다.

"흠. 아무튼 여기 순금이 도난당했으니 어서 조사해 주게."

주저브 경감은 이마의 벌건 자국을 가리기 위해 고개를 숙이고 열심히 휘장 근처를 조사하는 척했다.

"저, 드릴 말씀이……."

빡빡교 교주의 그림자 수행원이 주저브 경감에게 다가왔다.

"어제 황금별 휘장이 없어지고 나서 오늘 이상한 점을 발견했어요."

"어떤 이상한 점이죠?"

매키가 수행원을 빤히 바라보며 물었다.

"그런데 이 꼬마는 누군데 성가시게 구는 거죠?"

"꼬마라니요? 저는 수학탐정 매키예요."

매키는 꼬마라는 말에 기분이 나빴다.

"매키는 수학천재 소년입니다. 수학을 이용하여 범죄를 수사하지요."

주저브 경감이 자신을 소개하는 말에 매키는 화가 누그러졌다. 그러자 수행원이 다시 입을 열었다.

"평소엔 금붙이라곤 달고 온 적 없는 신도 세 명이 오늘 하나같이 금을 몸에 지니고 왔어요. 저기 저 사람들이에요."

"그게 뭐가 이상한 거지?"

주저브 경감은 수행원의 말을 무시한 채 다른 현장을 둘러보았다. 그러자 뭔가 이상한 낌새를 눈치 챈 매키가 소리쳤다.

"아저씨, 금을 몸에 지닌 세 사람을 불러 주세요. 만일 세 사람 중에 황금별 휘장의 일부를 훔쳐 간 사람이 있다면 휘장에서 사라진 금의 부피와 훔친 사람이 몸에 지닌 금의 부피가 같을 거예요."

매키는 이렇게 말하고는 세 사람의 금붙이를 건네받아 메스실린더에 넣고는 부피를 재었다.

"범인을 알아냈어요!"

매키가 환한 웃음을 지으며 말했다.

범인은 누구일까?

1) 스톤헤드(금팔찌의 부피=32㎤)

2) 실리(금반지의 부피=24㎤)

3) 팡누(금목걸이의 부피=12㎤)

수학으로 범인 찾기

 범인은 실리입니다!

 왜 실리 양이 범인이지?

 사라진 금의 부피를 조사하면 알 수 있어요.

 그걸 어떻게 알 수 있지?

 처음 별은 두께는 1cm, 넓이는 48㎠이므로 부피가 48㎤죠. 그런데 여섯 개의 삼각형이 잘려나가고 남은 육각형의 넓이는 24㎤이지요.

 어떻게 그렇게 되지?

 다음 그림을 보세요.

원래의 별에 선을 그어 보면 12개의 똑같은 넓이를 가진 정삼각형으로 나뉘게 돼요. 그런데 범인이 훔쳐 간 부분은 진한 녹색으로 칠한 부분이에요. 이 부분은 6개의 정삼각형에 해당하지요. 그러므로 범인은 전체 부피의 절반의 부피인 24㎤를 훔쳐 간 거예요.

그래서 세 사람이 가진 금붙이의 부피를 재었군.

맞아요. 실리 양이 가진 금반지의 부피가 24㎤이므로 실리 양이 범인이에요.

신기하군!

함께 풀어 봐요!

도형의 넓이

다음 그림은 정육각형 속에 별 모양을 그린 거예요. 정육각형의 넓이가 90㎠이라면 별의 넓이는 얼마일까요?

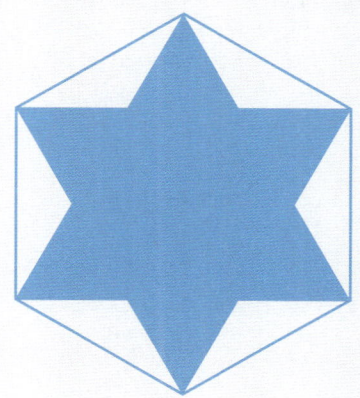

보조선을 이용해 보죠.

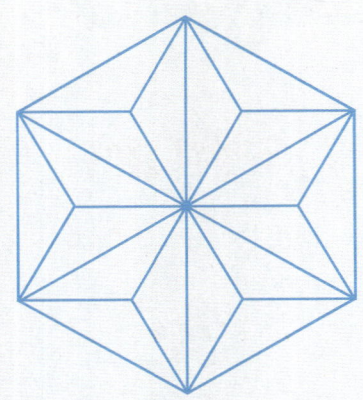

정육각형은 같은 크기의 정삼각형 6개로 이루어져 있고, 정삼각형은 다시 같은 크기의 3개의 삼각형으로 이루어져 있어요. 즉 작은 삼각형 18개의 넓이의 합이 정육각형의 넓이죠.

그럼 작은 삼각형 하나의 넓이는 이렇게 됩니다.

$$90 \div 18 = 5(\text{cm}^2)$$

별 모양 속에는 작은 삼각형이 12개 있으므로, 별 모양의 넓이는 다음과 같아요.

$$5 \times 12 = 60(\text{cm}^2)$$

2장

총알의 지름
-접하는 도형

"제 이름은 A입니다. 본명을 밝힐 수는 없습니다. 왜냐하면 저는 늘 누군가에게 쫓기고 있기 때문입니다."

"미스 레이첼, 소설 쓰는 거야?"

"전 글쓰기에는 관심 없어요. 누군가가 우리 게시판에 올린 글을 읽고 있는 거예요. 암살당할 위기에 처해 있다고 하네요."

"그래서?"

"전화기에 경찰서로 바로 연결되는 단축 버튼을 지정해 놓았으니, 호출하면 자기 집으로 바로 달려와 달라는군요."

"누가 장난치는 거 아냐?"

"어떤 사람이 자기 목숨을 가지고 장난을 쳐요?"

매키는 미스 레이첼이 보고 있던 게시물을 읽어 보았다.

"월 스트리트 3-2번지 4층, 주소를 외워 두는 게 좋겠네요."

매키는 몇 번이고 주소를 되뇌었다.

A는 잠자리에 들기 전에 창문을 꼭 잠갔다. 몇 번이고 잠금 장치를 확인하고 나서 침대에 누웠다. 첩보원인 A는 누군가의 비밀을 알고 있어서 도망자 생활을 하고 있었다.

"신이시여, 오늘도 무사히."

 A는 기도를 하고 잠자리에 들었다. 밤이 깊어졌고 A는 세상 모르게 잠들었다.

"킁킁. 이게 무슨 냄새야?"

어디선가 가스 냄새 비슷한 게 나자 A는 놀라서 침대에서 벌떡 일어났다.

"날 죽이려고!"

A는 겁이 나서 창문을 활짝 열었다. 그때였다.

"탕!"

모두가 잠든 고요한 밤에 한 발의 총성이 울렸다. A는 눈을 질끈 감았다가 떴다.

'헉. 분명히 총소리가 들렸는데. 내가 살아 있다니!'

A는 문득 뒤를 돌아보고는 심장이 멎는 듯했다. 그리고 바로 경찰에 연락했다.

"그러니까 당신은 누군가에게 쫓기고 있는데, 방금 당신을 향해 그 누군가가 총을 쐈다 이거군요."

"네. 그렇죠."

A는 아직도 몸을 사시나무 떨듯이 떨고 있었다.

"근데 재수가 좋아서 총알은 당신을 비켜 간 거구요."

"네."

"왜 당신은 생명의 위협을 받고 있는 거죠?"

"알아서는 안 될 정보를 알아 버렸기 때문입니다."

"그게 뭔가요?"

"저……."

A는 잠시 망설이며 눈치를 살폈다.

"괜찮습니다. 전 경찰입니다."

주저브 경감이 따뜻한 우유를 건네며 말했다.

"사실 발드 국무총리가 대머리라고 합니다."

"네에?"

주저브 경감의 주름 많은 두 눈이 동그래졌다.

"전 그분을 뵌 적이 있는데……."

"가발을 쓰고 다닌 겁니다."

주저브 경감은 애써 웃음을 참았다.

"알겠습니다. 비밀은 지켜 드리죠. 그나저나 총알은 어디 있죠?"

A는 말없이 손으로 총알을 가리켰다. 침대가 놓인 벽에 총알은 단단히 꽂혀 있었다.

"당신이 창문을 열었을 때 총알이 날아왔다고 했으니, 총을 쏜 사람은 바로 저 건너편 건물에 있겠군요. 건너편에는 호텔이 있군요. 지금 당장 투숙객들의 명단을 확보해야겠어요."

"내가 하려던 말이 바로 그 말이야."

주저브 경감은 매키의 말에 맞장구를 쳤다.

"포터, 당장 호텔로 가서 투숙객들의 명단을 들고 와."

"네."

경찰들이 바삐 움직였다.

"주저브 경감님, 나와라. 오버."

경찰에게서 무전이 왔다.

"여기는 주저브. 반말하지 마라. 오버."

"이 호텔에서 총기 소지자가 3명이나 발견되었습니다. 오버."

"그렇다면 이 총알이 어떤 종류인지 알아내면 되겠군요. 이 총알을 가지고 있는 자가 범인일 테고……."

매키는 총알이 있는 곳으로 가 보았다. 정삼각형 모양의 장식물 한가운데에 총알이 박혀 있었다. 매키가 총알을 뽑으려고 용을 썼지만 쉽게 뽑히지 않았다.

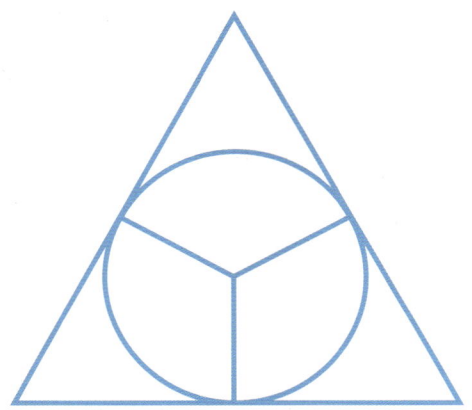

"남의 집 벽을 허물려고 작정을 하는구먼. 우리가 누구냐. 엘리트 경찰이지. 총알의 지름만 알아도 어떤 총인지 다 알 수가 있지. 하하."

주저브 경감은 오랜만에 매키를 앞질렀다는 생각에 기분이 우쭐해졌다. 주저브 경감이 포터 형사에게 말했다.

"자, 총알의 지름을 재야겠으니, 자 좀 가져다주게."

"없는데요."

"경찰이 자도 안 들고 다니나?"

"경감님, 경찰은 총을 들고 다니지 자까지 들고 다니는 건 아니잖아요."

주저브 경감은 괜히 머쓱해졌다.

"저, 자 좀 빌려 주시겠습니까?"

"자가 없는데요……. 저 삼각형의 높이는 압니다. 높이가 4.8㎝이고 정삼각형이죠."

"삼각형의 높이와 총알의 지름은 아무 상관이 없습니다. 이거 야단났군. 이 시간에 어딜 가서 자를 구하나. 그렇다고 벽을 허물 수도 없으니 원."

"하하하. 주저브 아저씨, 삼각형의 높이만 알아도 총알의 지름은 알 수 있습니다."

"뭐라고?"

총알의 지름은 얼마일까?

1) 2.4cm

2) 3.2cm

3) 4.8cm

 수학으로 범인 찾기

 총알의 지름은 3.2cm입니다.

 어떻게 총알의 지름을 알았지?

 간단해요. 정삼각형의 성질을 이용했어요. 정사각형의 한 꼭짓점에서 수직으로 밑변에 선을 그으면 다음과 같이 되지요.

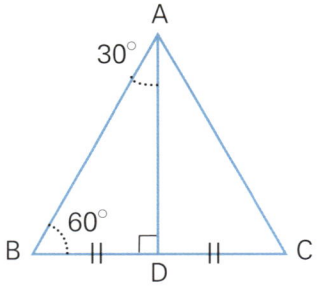

 그러니까 선분 BD의 길이는 정삼각형의 한 변의 길이의 $\frac{1}{2}$이 되지요.

 그렇군. 하지만 그림이 다르잖아?

 그럼 원래의 그림으로 돌아가 보죠.

 원이 정삼각형에 접하기 때문에(즉 원과 정삼각형의 변이 한 점에서 만나기 때문에) 선분 EF와 선분 AC는 수직으로

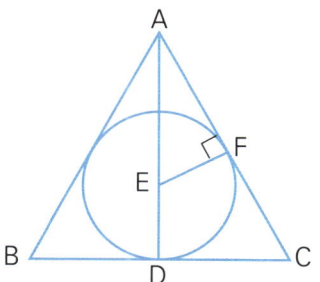

만나요. 그리고 ∠EAF=30°이므로 삼각형 AEF에서 AE의 길이는 EF의 길이의 2배가 됩니다. 그런데 EF의 길이가 바로 총알의 반지름의 길이잖아요? 그러므로 삼각형의 높이(AD의 길이)는 반지름의 길이의 3배가 되지요. 그런데 높이가 4.8cm라고 했으니까 총알의 반지름의 길이는 1.6cm가 되고, 지름은 그것의 두 배인 3.2cm가 되는 거죠.

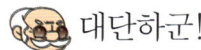 대단하군!

정삼각형의 성질

정삼각형의 성질을 이용한 문제를 풀어 보죠. 다음 그림은 한 변의 길이가 60cm인 정삼각형의 세 귀퉁이를 정삼각형의 모양으로 잘라 만든 도형이에요. 이 도형의 둘레는 얼마일까요?

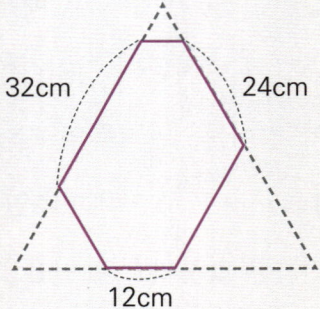

정삼각형의 세 변의 길이는 같다는 성질을 이용하세요. 그럼 다음 그림과 같이 잘

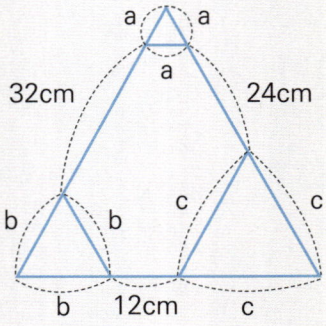

린 정삼각형의 한 변의 길이를 각각 a, b, c라고 합시다.

그럼 구하고자 하는 도형의 둘레의 길이는 다음과 같죠.

도형의 둘레=a+b+c+32+12+24

그런데 원래의 큰 정삼각형에서 한 변의 길이가 60cm라고 했으니까, 세 변의 길이를 합한 삼각형의 둘레는 3×60=180cm입니다. 따라서 다음과 같은 식이 성립하지요.

2a+2b+2c+32+24+12=180

a+b+c=56cm

그러므로 도형의 둘레를 구하면 다음과 같습니다.

도형의 둘레=a+b+c+32+24+12

=56+68

=124cm

3장

누팡과 쥐들의 아파트
-쌓기 나무

"여자는 보석에 약하단 말이 있지."

주저브 경감이 말했다.

"하지만 남자도 보석을 좋아한다는 말씀."

"주저브 아저씨는 무슨 보석을 좋아하세요?"

"나? 나는 황금. 흐흐흐."

매키는 순간 주저브 경감의 눈에서 노란 광채가 뿜어져 나오는 것을 보았다.

"내 취미가 광산에 가서 금 캐는 거지."

"그래서 진짜 금을 캐신 적 있으세요?"

"허허허. 구경도 못 해 봤지."

매키는 주저브 경감의 말에 피식 웃고만 말았다.

"요새는 인터넷 동호회에 들어가서 황금 구경하는 것도 재밌어. 가끔 정모 같은 데 참석해서 실제로 보기도 하지."

주저브 경감은 쉴 새 없이 모니터를 바라보며 마우스를 클릭했다.

"오호. 이번에 다이스 씨의 집에서 황금 전시회를 한다는군. 특이한 모형물이 있다는데 벌써부터 궁금해지는걸."

"저는 황금에 관심은 없지만……. 혹시 전시회에 가면 맛있는 거를 많이 줄까요?"

"다이스 씨도 나만큼 황금 마니아지. 나와 차이가 있다면 그쪽은 황금을 많이 가지고 있는 부자라는 거고, 난 보다시피 금반지 하나 없지. 허허."

"와우! 부잣집이면 파티 음식도 굉장하겠네요."

매키는 벌써부터 입에 침이 고였다.

다음 날, 주저브 경감과 매키는 다이스 씨의 저택으로 갔다.

"생각보다 사람이 많이 없군요."

"황금 동호회 자체에 사람이 많이 없어. 요새 사람들은 다이아몬드를 더 좋아하더군."

매키는 주변을 둘러보았다. 주저브 경감의 말대로 동호회 사람처럼 보이는 사람은 얼마 없었고 대부분이 신문기자였다.

"신문기자는 왜 온 거죠?"

"다이스 씨가 이번 작품을 자랑하려고 불렀겠지. 잘난 척 빼면 시체니까."

"아. 저기."

매키가 어딘가를 손으로 가리켰다.

"드디어 작품 공개인가?"

주저브 경감은 매키가 가리킨 곳을 쳐다보았다.

"저기 맛있는 음식이 많이 있다구요!"

매키는 '쌩' 하니 달려가 버렸다.

'흥. 황금의 가치도 모르는 저 녀석을 데려오는 게 아니었어.'

"주저브 경감님, 와 주셨군요."

다이스 씨가 주저브 경감에게 먼저 손을 내밀어 악수를 청했다.

"하하. 다 경감님 덕분에 오늘 이런 자리가 마련된 겁니다. 기억나세요? 1년 전."

주저브 경감은 고개를 갸우뚱했다.

"1년 전 저랑 같이 골든 광산에 가신 적 있죠? 그때 경감님은 금을 찾다 포기하시곤 바로 돌아가셨지만 전 끝까지 남아 그 자리를 파 보았죠."

주저브 경감은 갑자기 배가 아파왔다.

"아니 글쎄, 그 자리에서 황금 덩어리가 나오는 게 아니겠습니까. 하하하."

다이스 씨는 큰 소리로 웃었지만 주저브 경감은 속이 새까맣게 타들어 가기 시작했다.

"전 이 황금덩어리를 정육면체의 주사위로 만들어 작품을 만들어 보았습니다. 한 번 보시죠."

다이스 씨는 비서를 시켜서 어떤 물건을 정원 한가운데에 놓도록 했다.

"자, 여러분! 제 작품을 공개하겠습니다. 작품 제목은."

다이스 씨는 작품을 덮고 있던 베일을 벗겼다.

"'쥐들의 아파트'입니다."

"푸하하."

매키는 쿠키를 열심히 먹다가 다이스 씨의 말을 듣고 터져

나오는 웃음을 참지 못했다.

"이야!"

황금은 눈부신 광채를 뿜어냈고, 사진 기자들과 황금 동호회 회원들은 사진을 찍기에 바빴다. '쥐들의 아파트'라고 불린 작품은 황금을 정육면체 모양의 주사위로 만들어서 하나하나 쌓아 올린 것이었다.

"아니, 제목이 '쥐들의 아파트'가 뭡니까?"

매키가 주스를 마시며 주저브 경감에게 말했다.

"흥. 저 사람은 돈만 많을 뿐 예술이라고는 눈곱만큼도 모르는 무식한 사람이지."

주저브 경감은 계속 심술이 난 표정이었다.

'아, 난 왜 인내심이 없을까. 삽질을 조금만 더 열심히 할걸.'

그러나 후회해도 늦은 일이었다.

"하하하. 이번 제 작품 어떻습니까? 저 주사위 크기를 보십시오. 쥐 한 마리가 들어가서 살기에 딱 좋은 크기 아닙니까?"

'우욱.'

매키는 아까 먹은 음식들이 체할 것만 같은 느낌이 들었다.

"탁. 지지직."

그때였다. 전선에서 이상한 소리가 나더니 갑자기 정전이 되었다. 사람들은 놀래서 우왕좌왕하기 시작했다. 그러나 일시적인 현상인지 5초 만에 다시 불이 들어왔다.

"휴."

다이스 씨는 이마에 흐르는 식은땀을 닦았다.

"난 또 도둑이 내 황금을 훔쳐 가려고 불을 끈 줄 알았는데."

다이스 씨는 '쥐들의 아파트'를 살펴보았다. 다행히 모양은 그대로 있었다. 그러나 매키는 이상한 느낌이 들었다.

'분명히 달라.'

매키는 사건이 일어난 것을 눈치챘다. 그리고 아무도 못 나가게 밖으로 나가는 문을 조용히 잠그고 신문기자를 찾아갔다.

"저 혹시 저 황금 작품을 찍은 사진 좀 볼 수 있을까요?"

"'쥐들의 아파트' 말이니?"

"우욱. 네, 그거요."

쥐를 싫어하는 매키는 쥐 이야기만 들어도 온몸에 소름이 돋는 것 같았다.

"여기 있어."

신문기자는 '쥐들의 아파트'를 앞과 오른쪽, 위에서 찍은 사진 3장을 들고 있었다. 매키는 사진을 들고 가서 작품과 비교해 보았다.

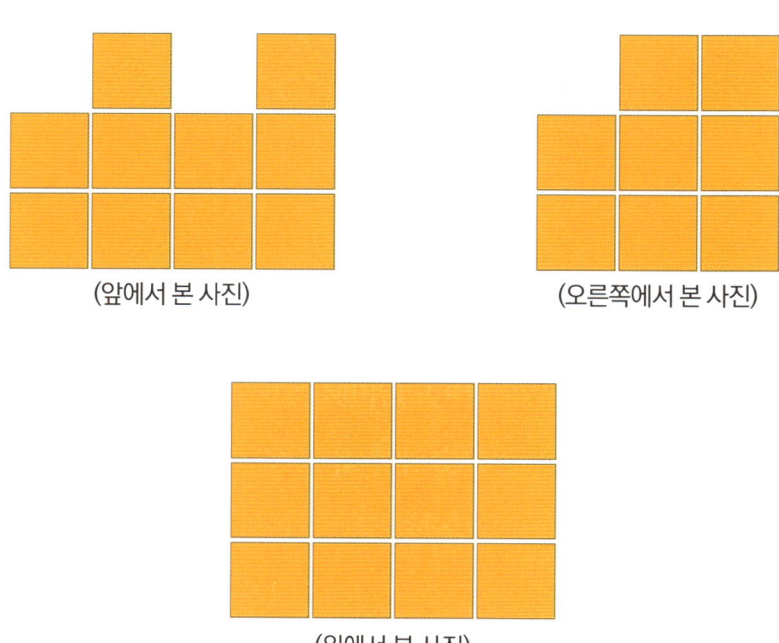

(앞에서 본 사진)　　　(오른쪽에서 본 사진)

(위에서 본 사진)

"한 개가 사라졌어요!"

매키는 이 사실을 주저브 경감에게 말했다. 놀란 주저브 경감은 경찰을 불러서 다이스 씨의 저택에 있던 사람들의 몸을 수색해서 잃어버린 황금 주사위 한 개를 찾았다.

"이상하네. 아무리 사진하고 작품을 비교해 보아도 같기만 한데."

"잘 생각해 보세요."

매키가 미소를 지으며 말했다.

매키는 어떻게 황금 주사위 하나가 사라진 것을 알았을까?

 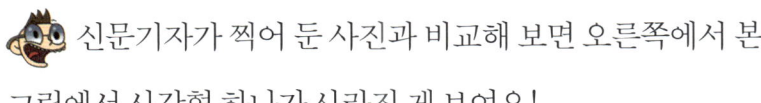

신문기자가 찍어 둔 사진과 비교해 보면 오른쪽에서 본 그림에서 사각형 하나가 사라진 게 보여요!

어떻게 하나가 사라진 걸 알았지?

앞과 오른쪽, 위에서 본 그림이 달라졌어요.

그게 무슨 말이지?

정전이 된 후 남은 도형을 보세요.

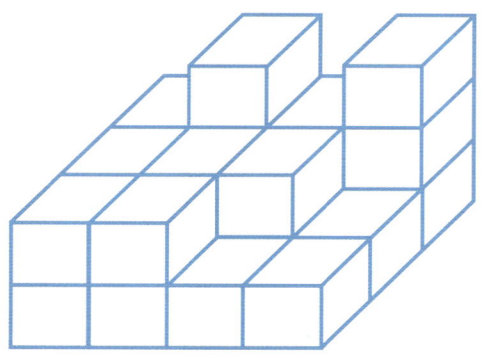

 이 그림을 오른쪽에서 본 그림을 그려 보면 다음과 같아요.

 그런데 원래의 '쥐들의 아파트'의 오른쪽에서 찍은 사진은 다음과 같거든요.

 오른쪽에서 본 모습이 달라졌군. 그렇다면 한 개가 없어진 건지, 그 이상이 없어진 건지 어떻게 알지?

쌓기 나무의 위에서 찍은 사진과 오른쪽 사진 그리고 정면 사진만 있으면 쌓기 나무의 입체적인 모양을 알 수 있어요.

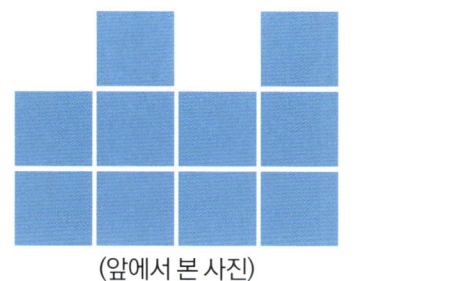
(앞에서 본 사진)

(오른쪽에서 본 사진)

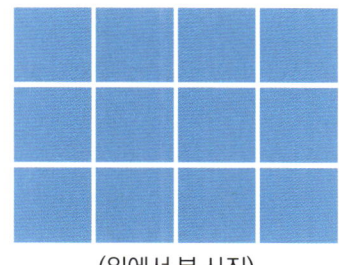
(위에서 본 사진)

이런 모습으로 사진이 찍히려면 다음 그림과 같아야 해요.

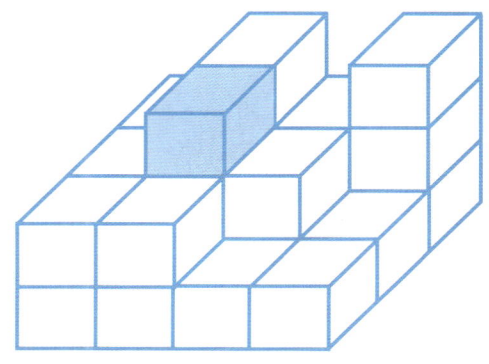

정말 하나가 더 있군!

 맞아요. 그게 바로 사라진 황금 주사위라구요!

 정말 신기해!, 앞에서, 오른쪽에서, 위에서 본 사진만 보고 원래의 도형의 모습을 알아내다니 말이야.

함께 풀어 봐요!

쌓기 나무

다음 그림은 똑같은 크기의 정육면체를 쌓아 놓고 위, 앞, 옆에서 본 그림입니다.

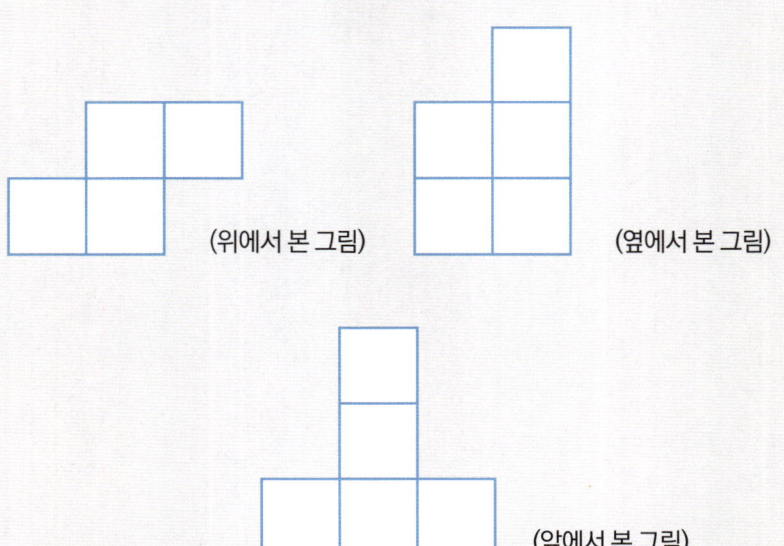

이때 전체 정육면체의 개수는 몇 개일까요?

이때는 위에서 본 그림을 기준으로 헤아리면 됩니다. 위에서 본 그림에 다음과 같이 숫자를 붙여 보겠습니다.

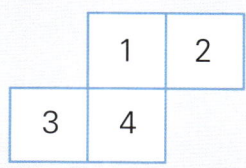

이때 옆과 앞에서 본 그림을 참고하면 1번 칸에는 3개의 정육면체가 있음을 알 수 있습니다. 마찬가지로 2, 3, 4번 칸에는 다음과 같은 개수의 정육면체가 있습니다.

1번 칸: 3개

2번 칸: 1개

3번 칸: 1개

4번 칸: 2개

그러므로 전체 정육면체의 개수는 7개입니다.

피카수의 신비의 물감
-넓이

아트 스트리트는 예술로 유명한 거리이다. 곳곳에 갤러리와 미술용품점이 있고, 날씨가 좋은 날이면 거리에는 행위 예술가와 악사, 화가들이 많았다.

"안녕하세요. 피카수 할아버지."

"콜록콜록. 매키구나."

"요새도 건강이 안 좋으세요?"

"늙으면 다 그렇지 뭐. 내가 요새 말이야, 콜록콜록. 새로운 걸 만들었어. 이걸 봐."

피카수 할아버지는 품 안에서 낡은 손수건으로 꼭꼭 싼 뭔가를 꺼냈다.

"굉장히 좋은 냄새가 나요. 싱그럽고, 기분이 좋아지

는……. 향수 만드신 거예요?"

"허허허. 내가 그림만 40년 넘게 그렸는데 향수는 무슨……. 귀 좀 가까이."

매키는 피카수 할아버지의 말을 듣고 깜짝 놀랐다.

"정말이에요?"

"그렇다니까. 이거 만드는 데만 내 청춘을 바쳤어. 나 말고는 아무도 못 만들지. 허허허."

"정말 대단하세요."

"매키, 너는 가족도 없는 나에게 가장 소중한 사람이야."

피카수는 회상에 잠긴 듯 눈에 눈물이 고였다.

2년 전, 매키는 뒷골목의 갱들이 거리의 화가에게 돈을 뜯으려는 걸 알고 호루라기를 불어서 경찰처럼 행동해 쫓아낸 적이 있었다. 그때 돈을 뺏길 뻔한 화가가 피카수였고, 그것이 인연이 되어 피카수는 매키를 무척이나 좋아했고 매키의 미술 숙제를 도와주었다.

"그 돈은 내가 이 가게를 하나 차리기 위해 죽기 살기로 모은 돈이었어. 네 덕분에 내가 조그마한 미술용품점을 낼 수 있었지. 이제 내가 죽기 전에 꼭 할 일이 있어. 이 신비의 물감으로……. 콜록콜록."

피카수 할아버지는 기침을 심하게 하시며 떨리는 손으로 매키에게 낡은 스케치북을 보여 주었다. 스케치북에는 매키의 초상화가 연필로 그려져 있었다.

"이 물감은 재료가 너무 희귀해서 126㎠만 칠할 수 있지. 콜록. 그래서 미리 스케치를……. 콜록. 꼭 그림을 완성해 너에게 주마."

매키는 아무 말도 못 했다. 목이 메었기 때문이다.

"그럼 이틀 후에 다시 와라. 허허."

매키는 뭔가 눈에 밟히는 듯 자꾸 뒤돌아보았다. 오늘따라 피카수 할아버지가 너무나 쓸쓸하게 보였다.

이틀 후 매키는 약속대로 피카수 할아버지가 있는 가게로 찾아갔다.

"할아버지, 피카수 할아버지."

가게 문은 열려 있었고 안은 지저분했다.

"이상하네. 절대 가게를 비워 두신 적이 없는데."

매키는 불길한 예감이 들었다. 피카수 할아버지가 요즘 들어 기침을 심하게 하셔서 건강에 문제가 생겼으면 어쩌나 걱정되었다. 피카수 할아버지의 손때가 묻은 매키의 초상화만 가게를 지키고 있었다.

'할아버지, 병원 가신 거예요? 내일 다시 올게요.'

매키는 메모를 남기고 밖으로 나갔다.

'킁킁. 어디서 기분 좋은 냄새가 나네.'

매키는 어디선가 날아오는 향긋한 냄새를 맡고 기분이 좋아졌다.

다음 날, 매키는 주저브 경감을 만나기 위해 경찰서로 가는 길에 신문에 대문짝만 하게 실린 기사를 보았다. 1면에 실릴 정도로 중요한 기사가 뭘까 궁금해진 매키는 신문을 하나 뽑아 들어 보았다.

"아니, 이것은!"

매키는 깜짝 놀랐다.

"신문 더 볼 거면 돈 내고 보슈."

신문 파는 아주머니가 눈치를 주자 매키는 신문을 내려놓았다.

'틀림없어. 그 물감이야. 그 물감은 피카수 할아버지 것인데.'

매키는 있는 힘껏 달리기 시작했다. 달리면서도 신문 기사의 내용이 머릿속에 맴돌았다. 불량슈라는 화가가 어제부터 작품 전시회를 했는데 사람들의 인기를 독차지한 그림 하나가 있다고 했다. 그 그림에서는 사람의 기분을 좋아지게 하는 신기한 냄새가 난다고 했다. 문득 매키는 어제 길거리에서 맡은 기분 좋은 냄새가 생각났다.

'그 냄새는 피카수 할아버지 물감의 냄새였어. 왜 난 알아차리지 못했을까.'

'이 물감은 아로마 물감이야. 온갖 허브를 수천 번 배합해서 가장 기분 좋은 냄새가 나도록 만들었지. 세상에서 하나밖에 없는 물감이야. 금덩어리하고도 바꿀 수 없는 소중한 물감이지. 허허.'

피카수 할아버지의 말씀이 떠오르자 매키는 눈물이 났다. 누가 볼 새라 매키는 손등으로 눈물을 훔쳤다.

전시회장으로 들어서자 역시나 기분 좋은 냄새가 코를 찔렀다. 그 냄새에 취해 수많은 사람들이 그림을 구경하기 위해 왔다. 매키도 냄새가 나는 그림 쪽으로 발걸음을 향했다. 그림은 가로가 12cm이고 세로가 42cm인 직사각형에 색상이 다른 여러 직사각형이 색칠해져 있는 일종의 추상화였다.

'이 색깔. 이 냄새.'

매키는 불량슈를 찾아가서 따지기 시작했다.

"아트 스트리트 15번지에 사시는 피카수 할아버지를 아시나요?"

"뜬금없이 그게 무슨 소리야? 그 할아버지라면 우리 화가들은 다 알지."

"그럼 그 할아버지가 얼마 전에 만드신 신비의 물감도 아시나요?"

"흠. 그래서?"

"이 물감은 할아버지가 만드신 거예요. 할아버지 외엔 아무도 모르는 특수한 재료를 넣어서 만든 거라구요! 범인은 당신이에요!"

매키는 흥분해서 소리를 질렀다. 주변에 사람들이 무슨 일인가 궁금해서 몰려들기 시작했다.

"이 꼬마가 감히! 증거가 있어?"

"예, 있어요."

매키는 당당하게 불량슈를 노려보았다.

매키는 어떻게 불량슈가 범인인 걸 알았을까?

수학으로 범인 찾기

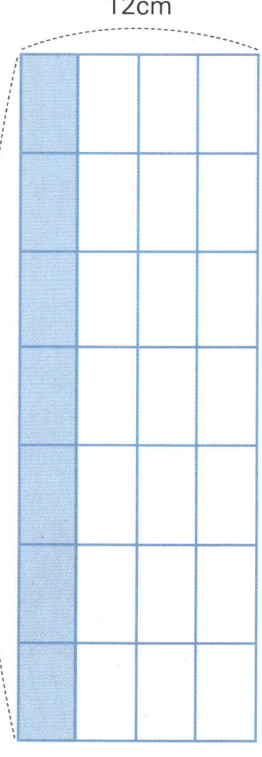

어떻게 불량슈가 범인인 걸 알았지?

불량슈의 그림에서 물감을 사용한 부분의 넓이는 126㎠이에요.

불량슈의 그림은 직사각형이 뒤죽박죽으로 박혀 있잖아? 그런데 어떻게 넓이를 알지?

간단해요. 불량슈의 그림에서 큰 직사각형은 가로의 길이가 12cm, 세로의 길이가 42cm이므로 넓이는 12×42=504㎠이 되지요.

그건 알겠어. 하지만 그건 물감을 칠한 부분의 넓이는 아니잖아?

물감이 칠해진 부분을 모두 왼쪽으로 이동시켜 보세요.

그럼 그림과 같지요.

어라! 물감을 칠한 부분이 직사각형이 되었군.

그래요. 이 직사각형의 가로의 길이는 12cm의 4분의 1인 3cm이고, 세로의 길이는 42cm이므로 넓이는 3×42=126㎠가 되지요. 피카수 할아버지의 물감으로 칠할 수 있는 넓이와 같아요!

정말 놀라워.

도형 이동으로 넓이 구하기

다음 그림에서 어두운 부분의 넓이를 구해 보죠. 큰 직사각형의 넓이가 40㎠라고 해보죠.

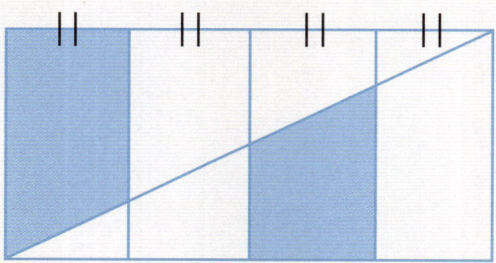

어떻게 구할까요? 일단 다음과 같이 보조선을 그려 보죠.

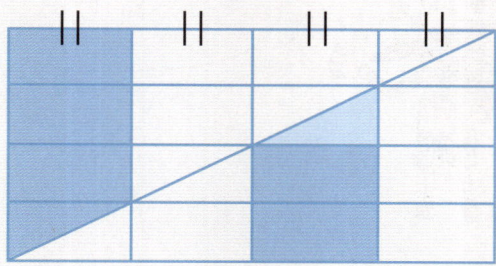

큰 직사각형은 작은 직사각형 16개로 이루어져 있으니까, 작은 직사각형 하나의 넓이는 40÷16=2.5㎠가 되는군요.

이때 옅은 색 삼각형을 다음과 같이 옮겨 봐요.

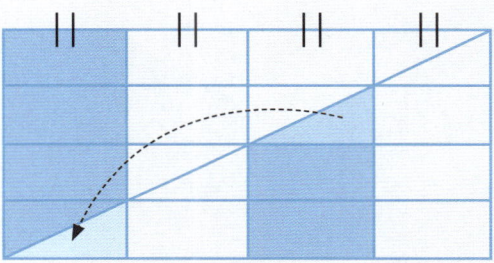

이제 진한 색 부분은 작은 직사각형 6개가 되었어요. 그러므로 진한 색 부분의 넓이는 6×2.5=15㎠가 됩니다.

간단한 보조선을 이용하면 도형의 넓이를 쉽게 구할 수 있어요.

5장

은행털이 탐
-접힌 도형

　달도 없는 칠흑같이 어두운 밤이었다. 퍼스트 은행 앞의 가로등 한 개가 조용히 꺼지더니 주위의 가로등이 연달아 꺼졌다.

　'하하. 오늘을 위해 내가 미리 가로등을 손 좀 봤지.'

　은행만 전문으로 터는 탐은 검은색 복면을 썼다. 머리부터 발끝까지 까만 그를, 더구나 불도 없이 캄캄한 거리에서 알아보는 이는 아무도 없었다. 탐은 조심스레 은행 지붕으로 올라가 창문을 열었다.

　'굿! 오늘따라 일이 잘 풀리는걸. 좋아.'

　탐은 얼마 전에 엄청난 부자가 퍼스트 은행에 거액을 맡겼다는 소식을 들었다. 현금 냄새를 맡은 탐은 몸이 근질거렸다.

'이번만 하고 이제 손 털자. 날마다 심장이 오그라들어서 이 짓도 못 하겠어.'

퍼스트 은행은 국내에서 제일가는 최첨단 보안 시스템을 자랑하는 만큼 탐은 긴장을 늦출 수 없었다. 이마에선 식은땀이 줄줄 흐르고 손도 가늘게 떨렸다.

'젠장. 왜 이리 초조하지. 어서 끝내야 하는데.'

탐은 심호흡을 길게 내뱉었다. 문득 주머니에 손을 넣으니 껌이 하나 있었다. 탐은 껌을 꺼내 씹었다. 껌 종이를 아무렇게나 구겨서 주머니에 집어넣었다.

그때 작은 불빛이 반짝거린 걸 탐은 눈치 채지 못했다.

'이제야 진정이 되네. 휴우.'

탐은 가슴을 쓸어내리고 금고가 있는 쪽으로 조심스레 걸어갔다. 해킹 전문가이기도 한 탐은 미리 퍼스트 은행 서버에 침입해서 비밀번호를 외어 두었다.

'패스워드는 mission impossible 007. 후후. 그래, 내 사전에도 불가능은 없지롱.'

금고 문이 열린 순간 갑자기 은행 보안 장치가 작동을 해서 시끄럽게 울리기 시작했다.

"삐용 삐용. 도둑이 나타났습니다."

당황한 탐은 얼른 가방에 현금을 닥치는 대로 넣었다.

'이런. 요새는 보안 시스템이 말도 하네.'

'한 다발만 더. 이만큼만 더. 이것만 더 챙기고.'

눈앞에 돈이 보이자 욕심이 생기는 탐은 미련을 버리지 못한 채 계속 돈을 더 챙겼다.

'됐다. 이제 여기서 나가자.'

탐이 나가자마자 저 멀리서 경찰차의 사이렌이 울렸다. 탐은 일단 돈 가방을 쓰레기통에 집어넣었다. 경찰은 차에서 내리자마자 은행 근처를 지나가는 탐을 붙잡았다.

"실례하겠습니다. 수사에 협조 부탁드립니다. 일단 이름과 여기에 왜 있었는지 이유를 대시오."

"이름은 탐 루즈입니다."

"푸핫."

주저브 경감은 웃음이 나오는 것을 간신히 참았다.

"하하. 괜찮습니다. 저희 어머니가 탐 크루즈 팬이어서 제 이름을 그렇게 지으신 거니까요."

"네. 아무튼 이 시간에 여긴 무슨 일로 오셨죠?"

"야간작업 마치고 집에 가던 길이었습니다."

주저브 경감은 쌀쌀한 날씨에 땀을 뻘뻘 흘리는 탐 루즈를 대수롭지 않게 생각했다.

"경감님, X선 보안 장치에 이상한 물체가 찍혔습니다."

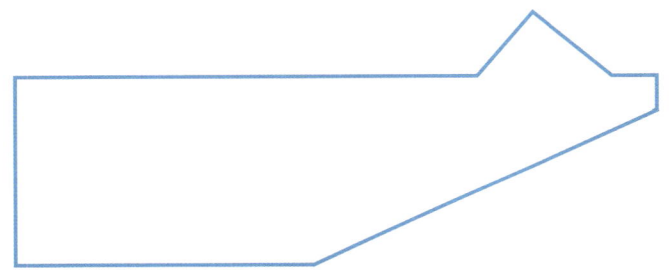

경찰의 말을 듣고 주저브 경감과 매키는 탐을 데리고 들어갔다.

"X선 보안 장치는 몸속의 금속을 찍을 수 있어요."

"근데 이 이상한 모양은 뭐죠?"

"요즘 칼은 이렇게 생겼나?"

"하하하. 이게 무슨 칼이에요. 껌 종이 같은데요."

매키의 말을 듣고 모두 탐에게 시선을 돌렸다.

"잠시 몸수색을 하겠습니다."

"거참, 껌 좀 씹었다고 범인 취급을 하는군요. 내 껌 종이는 여기 있다구요."

탐은 껌 종이를 꺼내 보여 주었다. 껌 종이는 접힌 상태에서 일부가 찢겨 나간 모습이었다.

"이건 X선 보안 장치에 찍힌 것과는 완전히 다르잖아."

매키는 주저브 경감이 들고 있던 탐의 껌 종이를 유심히 살펴보았다. 그러고는 각도기를 꺼내 각을 재었다.

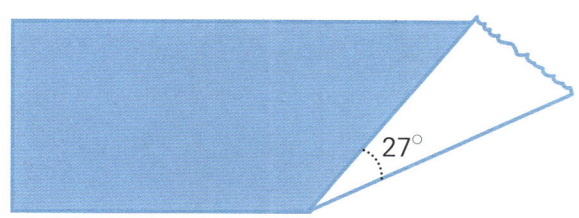

"잠깐 X선 보안 장치에 잡힌 도형을 확대해 주세요."

매키는 각도기를 들고 화면에 잡힌 도형의 한 각을 재기 시작했다.

"탁탁탁."

매키는 열심히 계산기를 두드리고 종이에 뭔가를 그려 넣기 시작했다.

"이 껌 종이는 당신 것이 맞군요. 탐 루즈 씨."

"하하. 꼬마야, 너 학교에서 도형도 안 배웠니? 저 X선 보안 장치에 잡힌 껌 종이와 내가 가지고 있는 껌 종이는 전혀 달라. 그리고 난 은행을 털 만큼 간이 큰 사람이 아니란다."

"아니야. 이 은행을 턴 사람은 당신이 맞아요."

주저브 경감이 어리둥절한 눈으로 매키를 바라보았다. 그러나 매키는 자신에 찬 얼굴이었다.

매키는 어떻게 탐 루즈가 범인인 걸 알았을까?

수학으로 범인 찾기

👴 껌 종이가 어떻게 X선 보안 장치에 나타나는 거지?

👦 껌을 싸는 종이는 알루미늄 막이에요. 껌 안에 있는 각각의 향기 성분을 보존하고, 온도와 습도 등 외부 환경으로부터 껌을 보호하며, 시각적인 효과를 높이고 껌을 깨끗하게 보관하기 위해서 사용하지요. 그런데 알루미늄은 금속이므로 X선 기능이 있는 보안 장치에 찍히게 된 거죠.

👴 어떻게 탐이 범인이지? 탐이 가진 껌 종이는 직사각형이고 보안 장치에 찍힌 도형과 다르잖아?

👦 그건 껌 종이가 접혀 있었기 때문이에요. 껌 종이는 직사각형인데 접히면 다음 그림과 같지요. 그리고 X선 보안 장치에 찍힌 도형에서 접힌 부분과 직사각형의 가로가 이루는 각은 144°이지요.

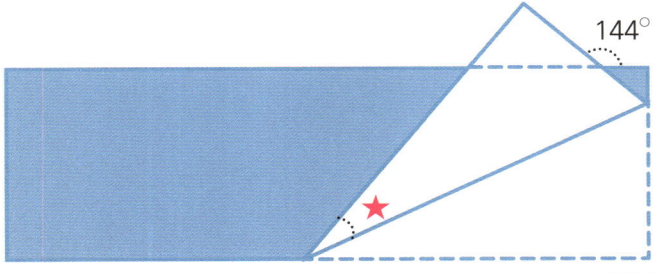

그러니까 ★ 표시를 한 각이 27°가 되면 그것은 같은 껌 종이가 되는 거예요. 그게 바로 탐의 찢어진 껌 종이지요.

 왜 27°가 되어야 하지?

 다음 그림을 보세요.

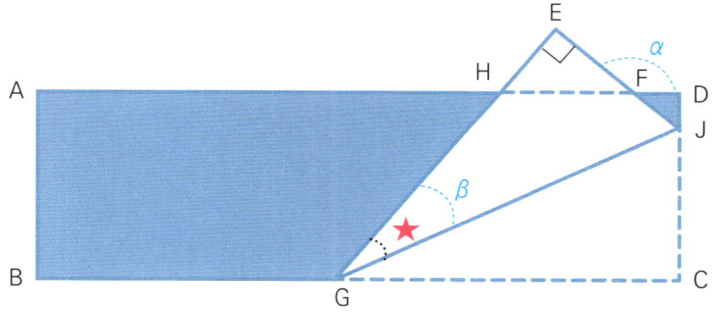

E는 직사각형의 한 꼭짓점이 접혀 올라갔으므로 ∠E는 90°가 되어요. 여기서 ∠EFD=144°이므로 ∠EFH=180°-144°=36°이지요. 그럼 △EHF에서 내각의 합은 180°이므로 다음과 같은 식이 성립해요.

$$\angle EHF = 180° - (36° + 90°) = 54°$$

 ∠DFJ는 ∠EFH와 맞꼭지각으로 같으니까 36°가 되고

∠FJD=90°−36°=54°가 되지요.

🧓 조금 복잡하군.

🧑 이제 거의 끝났어요. 이제 지금까지 구한 각을 모두 써 보면 다음 그림과 같지요.

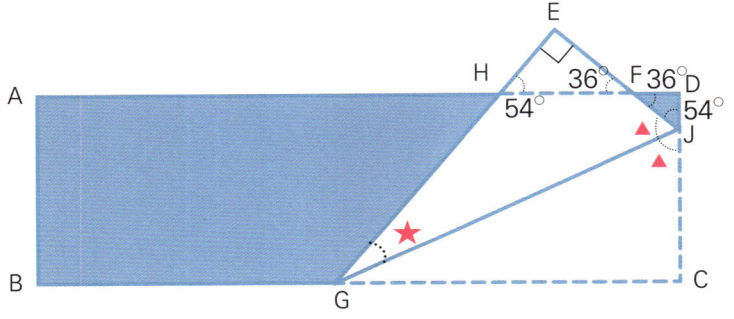

🧑 여기서 가장 중요한 것은 ∠EJG=∠GJC라는 거예요.

🧓 그게 왜 같지?

🧑 △JGC 부분을 접어 올린 부분이 △GJE이니까요. 그럼 두 삼각형은 같은 삼각형이니까 대응하는 각이 같기 때문이지요. ∠EJG=∠GJC=▲라고 놓아 보죠. 그럼 54°+▲+▲=180°이니까 ▲=63°가 되지요. 그런데 △EGJ에서 내각의 합은 180°이니까 다음과 같아요!

90°+63°+★=180°

★=27°

정말 놀라운 추리군!.

접힌 도형의 성질

접힌 도형에서 각을 구하는 문제를 하나 더 알아보죠. 다음과 같이 접힌 도형이 있어요.

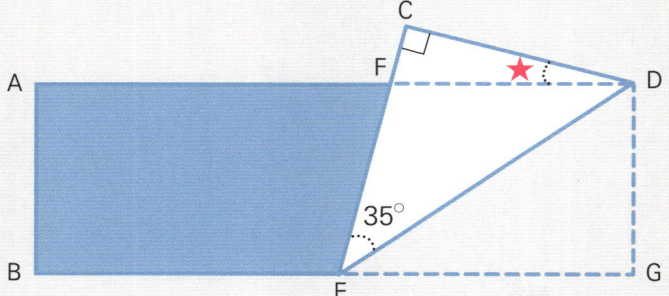

그림에서 ★로 표시된 각을 구해 보죠. 이런 유형에서는 접은 부분과 접힌 부분의 각이 같다는 것을 명심하세요. 즉, ∠CED=∠DEG=35°이지요. 그럼 다음과 같은 식이 성립해요.

$$\angle BEC = 180° - (35° + 35°) = 110°$$

한편, 사각형 AFEB에서 내각의 합은 360°이므로

$$\angle EFA = 360° - (\angle FAB + \angle EBA + \angle BEF)$$
$$= 360° - (90° + 90° + 110°)$$
$$= 70°$$

가 되고, 여기서 구한 ∠EFA과 ∠CFD는 맞꼭지각으로 같으므로, 둘의 크기는 같아요.

$$\angle CFD = 70°$$

가 되지요.

△CDF의 내각의 합이 180°이므로, 구하는 값인 ∠CDF의 값은 다음과 같아요.

$$\bigstar = 180° - (90° + 70°)$$
$$\bigstar = 20°$$

비밀금고의 암호

－도형의 개수

"누팡이 이번에는 은행 금고에 손을 댈 모양입니다."

포터 형사가 누팡 때문에 새벽 일찍 출근한 주저브 경감에게 말했다.

"그놈은 왜 항상 이런 식으로 예고를 하고 범죄를 저지를까? 하암, 덕분에 머리도 안 감고 이렇게 나왔잖아."

주저브 경감은 목구멍이 다 보일 정도로 크게 하품을 했다.

"이게 누팡이 보내온 경고장입니다. 새벽에 경찰서 앞으로 보낸 것으로 당직 경찰이 발견했습니다."

"그 경찰을 불러와."

"네."

포터 형사가 당직 경찰을 데리러 간 사이에 주저브 경감은 누팡이 보낸 경고장을 읽어 보았다.

"훙. 이놈은 레퍼토리가 항상 같아. 몇 월 몇 일 몇 시에 어디를 털 거라는, 안 봐도 비디오네. 머리는 좋으면서 문장력이 이리도 없다니."

"부르셨습니까?"

"그래. 수고 많네. 이 경고장을 발견한 것은 언젠가?"

"새벽 5시쯤이었어요. 경찰서 유리창이 하나 깨졌거든요."

"뭐라고?"

"경고장에 돌멩이를 달아서 멀리서 던진 듯했어요."

"이 경고장이 누팡이 보낸 것이라는 증거는?"

"종이에서 누팡의 지문이 나왔습니다."

"알겠네. 자넨 돌아가 봐."

경찰은 주저브 경감에게 가볍게 목례를 하고 돌아섰다. 주저브 경감은 다시 한 번 경고장을 읽어 보았다.

"오늘 새벽 6시에 더머니 은행을 털 거라고? 이놈은 나랑 무슨 원수가 졌는지……. 분명 내가 어젯밤까지 일한 걸 알고 일부러 오늘 새벽에 범죄를 저지르려는 걸 거야. 내가 잠도 못 자게 하려고!"

주저브 경감은 어젯밤에 잠복 수사를 펼치는 가운데 얼핏 누팡의 그림자를 본 것을 기억했다. 그리고 분에 못 이겨 누팡이 보낸 경고장을 마구 구겨서 쓰레기통에 버렸다.

"무슨 일이에요? 새벽부터."
"설명은 나중에 듣고 더머니 은행으로 가자구."
잠에서 덜 깨어 눈이 반쯤 풀린 매키를 데리고 주저브 경감은 더머니 은행으로 총알같이 달려갔다.
"누팡이 우리 금고를 턴다고 했다구요? 하지만 이 금고는 천재 범죄자 홍즈도 포기했다구요. 그러니 우리 방범 시스템을 믿고 어서 돌아가서 잠이나 더 주무세요."
더머니 은행의 은행장 레오는 금고의 보안 시스템에 대한 자신감이 넘쳐 흘렀다.
"누팡이란 놈은 말이죠. 이미 보안 시스템에 대해 조사를 끝냈을 겁니다. 철저한 완벽주의자죠. 경고장을 보낸 걸로 봐서 틀림없이 은행 금고의 보안 장치를 풀고 돈을 훔쳐 달아날 겁니다."
"우리 은행 금고의 보안 장치에 대해 설명해 드리죠. 미스

앨리, 여기 설명서 좀 들고 와요. 그리고 커피 2잔하고, 코코아 1잔. 꼬마는 코코아 마셔."

매키는 꼬마라는 말에 내심 기분이 나빴지만 은행장 앞에서 화를 낼 수도 없으니 꾹 참았다.

"자, 이걸 보세요. 우리 금고입니다. 이 금고는 비밀번호를 눌러야 들어갈 수 있죠. 보시면 금고 문에 조그만 화면이 있어요. 이 화면에 여러 개의 작은 정사각형으로 이루어진 도형이 나타납니다. 매번 모양은 달라지죠. 이 도형 안에 있는 크고 작은 모든 사각형의 개수를 정확하게! 한 번에! 5초 안에! 입력해야 비로소 금고 문이 열립니다. 금고를 열기가 어렵겠지요?"

열심히 설명을 마친 더머니 은행장 레오는 이마에 흐르는 식은땀을 닦았다.

"어떻습니까? 완벽하죠? 하하하."

"주저브 아저씨, 6시예요."

매키가 손목시계를 보며 말했다.

"그것 보세요. 누팡이 6시에 은행 금고를 털 거라고 했다면서요? 그런데 보안 장치가 울리지 않는 것으로 보아 그 녀석이

늦잠 자고 있는 모양입니다. 괜한 수고들 하지 마시고 돌아가세요. 나중에 무슨 일 생기면 따로 연락하겠습니다. 꼬마는 학교에 가야지?"

"은행장님, 큰일 났습니다. 금고가!"

"뭐라구요?"

매키는 벌떡 일어나 금고가 있는 곳으로 달려갔다. 주저브 경감도 은행장과 함께 금고가 보관된 방으로 가 보았다. 금고 문은 활짝 열려 있었지만 돈은 그대로 있었다.

"그놈은 돈이 목적이 아니었나 보군요."

"그럴 겁니다. 누팡은 불가능해 보이는 문제에 도전해서 그걸 해결하는 것을 즐기죠. 이번에 이 은행 보안 시스템을 뚫은 것만으로도 그 녀석은 억만금을 손에 쥔 것처럼 만족했을 겁니다."

"은행장님, 이 보안 시스템은 너무 허술해요. 누팡이 언제 쳐들어와서 돈을 훔칠지 모르니 바꾸는 게 좋겠습니다."

"뭐라고? 이 꼬마는 학교 갈 준비 안 하고 왜 아직 여기 있는 거야?"

"자꾸 꼬마라고 부르지 마세요. 이래 봬도 제가 최연소 탐정

이라구요. 절 무시하시는데 저도 누팡과 똑같은 방법으로 5초 안에 금고 문을 열어 보겠어요. 암호 화면을 바꿔 보세요."

"좋아. 만약 네가 성공한다면 너의 학비를 내가 책임지마. 흥."

잠시 후 금고 문의 화면에는 다음과 같은 그림이 나타났다.

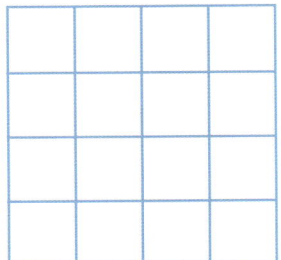

모든 사람은 매키가 하는 행동을 지켜보았고, 매키는 순식간에 크고 작은 모든 사각형의 개수를 세어서 비밀번호를 눌렀다. 그러자 금고 문이 스스로 열렸다.

"이, 이게 어떻게 된 거야? 고장 났나?"

은행장은 당황한 표정으로 금고를 바라보았다.

매키는 어떻게 5초 안에 사각형의 개수를 헤아렸을까? 그리고 화면의 도형 속의 크고 작은 사각형의 개수는?

수학으로 범인 찾기

 크고 작은 사각형의 개수는 100개예요!

 어떻게 5초 안에 사각형의 개수를 헤아렸지?

 간단해요. 사각형은 네 개의 변으로 이루어져 있지요. 그 중 두 개는 가로선이 되고 두 개는 세로선이어야 해요. 화면의 도형은 가로선 다섯 개, 세로선 다섯 개로 이루어져 있지요. 그러니까 가로선에서 두 개를, 세로선에서 두 개를 택하면 사각형이 하나 만들어져요. 예를 들면 다음 그림과 같이 말이에요.

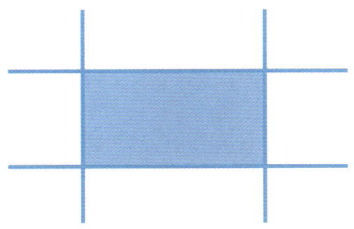

그럼 5개의 가로선에서 2개를 골라내는 경우의 수를 알면 되겠군.

바로 그거예요. 5개의 가로선 중에서 두 개를 골라내는 경우의 수는 (5×4)÷2=10(가지)죠.

잘 이해가 안 되는데…….

세 개의 가로선이 있다고 해 보죠. 그럼 그중 두 개를 서로 다르게 고르는 방법은 다음과 같이 세 가지죠. 실선은 고른 선이고 점선은 고르지 않은 선이지요.

이제 세 개의 선을 차례로 ①, ②, ③이라고 해 봐요.

① ──────
② ──────
③ ──────

그러면 위의 두 선을 택하는 것은 ①, ②를 택하는 것이고, 맨 위의 선과 맨 아래의 선을 택하는 것은 ①, ③을, 그리고 아래 두 선을 택하는 것은 ②, ③을 택하는 것이지요?

그러니까 세 개의 선이 있을 때 두 개를 택하는 것을 숫자로 나타내면 다음과 같아요.

①, ②
①, ③
②, ③

그럼 세 개의 수 1, 2, 3으로 두 개의 수를 골라내 차례로 세우는 방법의 수를 살펴보죠. 두 개의 수가 있는 위치를 다음과 같이 나타내 보죠.

□ △

그럼 □에 올 수 있는 수는 1, 2, 3 중 하나이니까 3가지가 되고, 그 다음 △에 올 수 있는 수는 □에 온 수는 올 수 없으니까 (3-1)가지가 되지요. 그러므로 이렇게 두 개의 수를 선택해 일렬로 세우는 방법은 다음과 같아요.

3×(3-1)가지

이 모든 경우를 써 보면 다음과 같아요.

① , ②   ② , ①
① , ③   ③ , ①
② , ③   ③ , ②

그런데 여기서 ②, ①을 택하는 것은 ①, ②를 택하는 것과 같고, ③, ①을 택하는 것은 ①, ③을 택하는 것과 같고, ③, ②를 택하는 것은 ②, ③을 택하는 것과 같지요? 그러니까 실제 두 개의 선만을 택하는 경우의 수는 3×(3-1)을 2로 나누어야 해요.

$$3 \times (3-1) \div 2$$

 그러니까 5개의 가로선에서 2개의 선을 뽑을 때는 3 대신 5를 넣어 주면 되는 거예요. 그래서 앞에 쓴 식이 성립하지요.

$$(5 \times 4) \div 2 = 10$$

 그런데 5개의 세로선 중 2개의 세로선을 골라내는 방법도 10가지이지요. 그러므로 사각형을 만드는 방법의 수는 10×10＝100(가지)이므로 100개의 사각형이 답이에요.

 멋있어! 수학은 정말 위대한 것 같아.

사각형의 개수

왜 사각형이 100개가 되는지를 직접 헤아려 보죠.

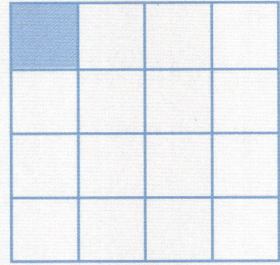

1. 작은 정사각형 한 개로 이루어진 것은 가로 방향으로 4개, 세로 방향으로 4개씩 있으므로 4×4=16개입니다.

2. 작은 정사각형 두 개로 이루어진 것은 다음 그림과 같이 두 종류가 있습니다.

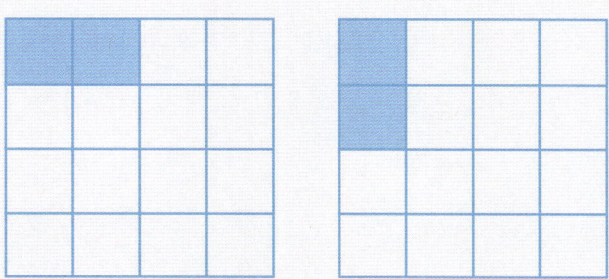

왼쪽 그림 모양의 사각형은 가로 방향으로 3개, 세로 방향으로 4개 생기므로 3×4=12개가 만들어지고, 오른쪽 그림 모양의 사각형도 마찬가지로 12개가 만들어지므로 전체적으로 24개가 만들어집니다.

3. 작은 정사각형 세 개로 이루어진 것은 다음 그림과 같이 두 종류가 생깁니다.

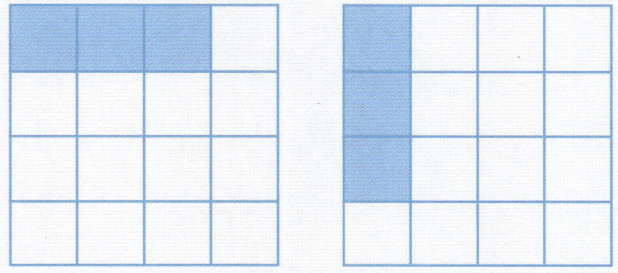

왼쪽 그림의 경우 가로 방향으로 2개, 세로 방향으로 4개 생

기므로 2×4=8개의 사각형이 만들어지고, 오른쪽 그림에서도 8개가 만들어지므로 전체적으로 16개가 만들어집니다.

4. 작은 정사각형 네 개로 이루어진 것은 다음과 같이 세 종류가 있습니다.

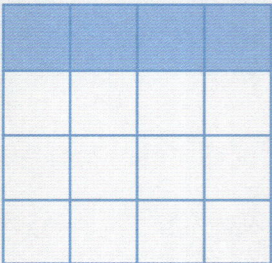

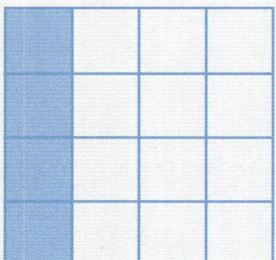 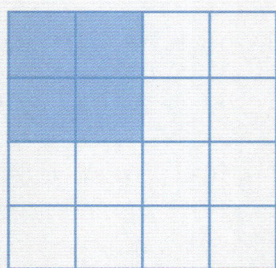

그중 첫 번째 그림과 같은 사각형은 4개 만들어지고, 두 번째 그림과 같은 사각형도 4개가 만들어집니다. 그리고 세 번째 그림과 같은 사각형은 가로 방향으로 3개, 세로 방향으로 3개 만들어지므로 9개가 만들어집니다. 그러므로 작은 정사각형 4개로 이루어진 사각형의 모두 17개가 되지요.

5. 작은 정사각형 5개로 만들어진 사각형은 한 개도 없습니다.

6. 작은 정사각형 여섯 개로 이루어진 사각형은 다음 그림과 같이 두 종류입니다.

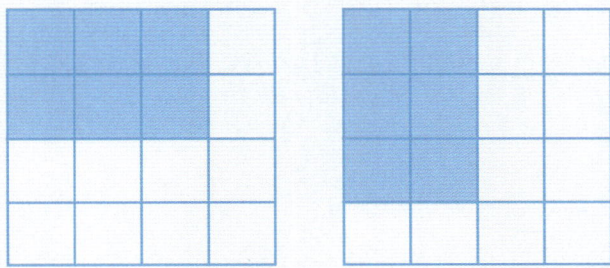

왼쪽 그림과 같은 사각형은 6개 만들어지고, 오른쪽 그림과 같은 사각형도 6개 만들어지므로 전체적으로 12개가 만들어집니다.

7. 작은 정사각형 일곱 개로 이루어진 사각형은 없습니다.

8. 작은 정사각형 여덟 개로 이루어진 사각형은 다음 그림과 같이 두 종류입니다.

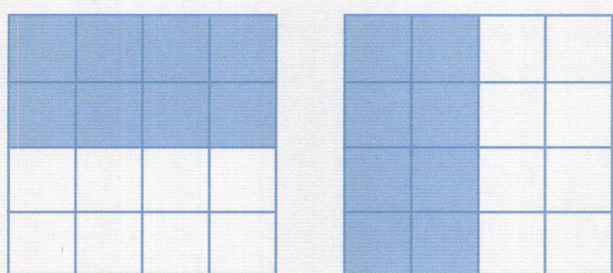

왼쪽 그림과 같은 사각형은 3개 만들어지고, 오른쪽 그림과 같은 사각형도 3개 만들어지므로 전체적으로 6개가 만들어집니다.

9. 작은 정사각형 아홉 개로 이루어진 것은 다음 그림과 같습니다.

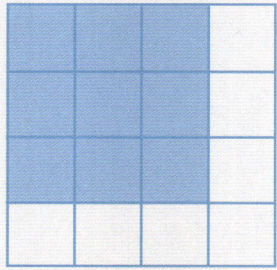

따라서 4개의 사각형이 만들어집니다.

10. 작은 정사각형 열 개와 열한 개로 이루어진 사각형은 없습니다.

11. 그리고 작은 정사각형 열두 개로 이루어진 것은 다음 그림과 같이 두 종류입니다.

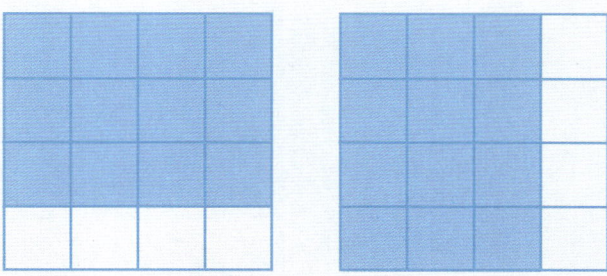

그러므로 4개의 사각형이 생깁니다.

12. 마지막으로 작은 정사각형 열여섯 개로 이루어진 것은 1개가 생깁니다. 그러므로 모든 사각형의 개수는 다음과 같이 계산됩니다.

사각형의 개수=16+24+16+17+12+6+4+4+1=100개

어때요? 이렇게 헤아리면 시간이 많이 걸리죠?

한편, 가로선에서 두 개를 뽑는 방법은 다음과 같이 10가지예요. 여기서 10은 5×4를 2로 나눈 값입니다. 왜 그런지 헤아려 보죠. 그림에서 진한 선은 선택한 두 개의 선을 나타내고 점선은 선택하지 않은 선을 나타냅니다.

모두 10가지가 된다는 것을 알 수 있습니다.

7장

호흡기 질환을 일으키는 주사위를 찾아라
-주사위의 전개도

"돌리고~ 돌리고. 돌리고~ 돌리고."

"이야, 6이 나왔다. 내가 이겼다."

누런 콧물을 흘리는 한 아이가 만세를 부르며 웃었다.

"저게 뭐하는 건가?"

"어휴. 주저브 아저씨, 저것도 모르세요? 세대 차이 나요."

"야! 어른을 놀리면 못써!"

"돌리고~ 돌리고. 이렇게 노래를 부르면서 주사위를 돌려서 큰 수가 나오는 사람이 이기는 게임이에요. 요즘 아이들이 가장 좋아하는 놀이죠."

"푸핫. 저게 뭐야? 너무 유치하잖아."

"그러니까 아이들의 놀이죠."

주저브 경감과 매키는 경찰서에 도착해서 각자 책상에 앉았다.

"땡."

시계가 12시를 알렸다. 그와 동시에 매키의 배꼽시계도 울렸다.

"꼬로록."

"아저씨, 점심……."

매키는 할 말을 잃고 주저브 경감을 쳐다보았다. 주저브 경감은 재빨리 무언가를 감추었다.

"감추실 필요 없어요. 전 다 봤으니까요."

"하하하. 이게 말이야. 생각보다 재밌더군."

멋쩍은 미소를 지으며 주저브 경감은 종이 주사위를 내려놓았다.

"어머, 주사위가 종이로 만들어진 거네요."

"매키, 요새 종이 주사위가 인기 있는 것도 몰랐냐? 어휴, 세대 차이 나."

"아저씨, 그럼 우리 주사위를 굴려서 작은 숫자가 나오는 사람이 밥 사기로 해요."

"좋아. 난 아까까지 연습했으니 자신 있다고!"

매키가 먼저 종이 주사위를 굴렸다.

"돌리고~ 돌리고. 돌리고~ 돌리고. 6 나와라."

주사위는 멈췄고 매키와 주저브 경감은 주사위를 뚫어져라 바라보았다.

"푸하하. 2잖아. 이 내기는 내가 이긴 거나 다름없네. 내가 이길 확률은 6분의 4, 즉 3분의 2라고. 돌리고~ 돌리고."

주저브 경감은 종이 주사위에 쓰인 '6'이란 숫자에 입을 맞추고 주사위를 굴렸다.

"오잉."

"푸하하. 1이잖아요. 제가 이겼어요. 아~ 오늘따라 스테이크가 먹고 싶네. 에헴."

주저브 경감은 종이 주사위를 구겨서 쓰레기통에 던졌다.

"아, 배부르다."

눈 깜짝할 사이에 스테이크 2인분을 다 먹은 매키는 볼록 나온 자신의 배를 두드렸다.

"콜록콜록."

반면 주저브 경감은 스테이크를 반도 먹지 못하고 아까부

터 기침만 했다.

"주저브 아저씨, 저한테 비싼 음식 사 주기 싫어서 아프신 척하는 거 아니에요?"

"아니야. 콜록. 에구. 나도 늙었나 봐. 젊은 시절엔 감기 한 번 안 걸렸는데. 콜록."

"안 되겠어요. 요 앞 병원으로 가 봐요."

매키는 주저브 경감을 데리고 병원으로 갔다.

"호흡기 질환입니다. 요즘 유행처럼 번지고 있죠. 혹시 종이 주사위에 입을 대셨습니까?"

주저브 경감은 아까 6이 나오길 바라면서 거기에 입을 맞췄던 것이 기억났다. 하지만 솔직히 말하기가 부끄러웠다.

"이 나이에 무슨 주사위를 가지고 놉니까. 하하하."

"근데 종이 주사위에 무슨 문제가 있나요?"

매키가 의사에게 물었다.

"한 종이 주사위 공장에서 인체에 해가 되는 약품을 재료로 썼다고 합니다. 그 주사위를 입에 대면 호흡기 질환이 일어나죠. 뒤를 보세요. 어린이 환자들이 줄을 서서 기다리고 있지 않습니까?"

의사 말대로 병원은 기침을 하는 어린이들로 가득했다. 매키는 그중 한 어린이에게 다가가 종이 주사위를 잠시 달라고 하며 살펴보았다.

"무슨 특징이 있니? 콜록."

"마주 보는 눈의 합이 7이에요."

"그럼 종이 주사위를 만드는 공장으로 가 보자. 콜록."

"아저씨, 이번 사건은 제가 맡을게요. 몸도 안 좋으시면서."

"괜찮아. 콜록. 날 이렇게 만든 놈들을 내 손으로 잡을 거야."

경찰서로 돌아온 주저브 경감과 매키는 종이 주사위 공장이 어디에 있는지 알아보기 시작했다.

"총 3군데예요."

포터 형사가 주저브 경감에게 지도를 가리키며 말했다.

"그럼 그 3군데 종이 주사위 공장에 가서 전개도를 가져오도록."

"네, 알겠습니다."

잠시 후, 포터 형사는 3개의 주사위 전개도를 가지고 왔다.

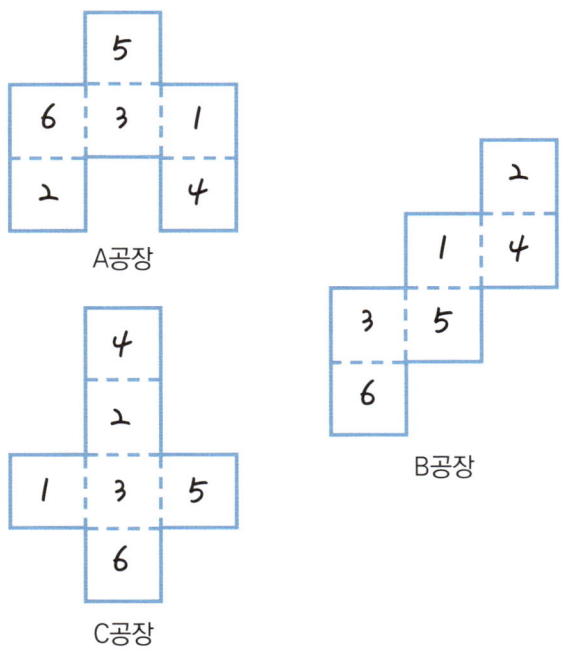

"어휴. 귀찮게 이걸 언제 다 접냐."

주저브 경감은 종이를 하나 들어서 접으려고 했다.

"접을 필요 없어요."

매키가 말했다.

"어떤 공장에서 나온 주사위가 호흡기 질환을 일으키는지 알겠어요."

매키가 알아낸 호흡기질환을 일으키는 주사위를 만든 공장은?

1) A공장   2) B공장   3) C공장

수학으로 범인 찾기

 호흡기질환을 일으키는 주사위를 만든 공장은 B공장입니다!

어떻게 접어 보지도 않고 B공장의 주사위라는 걸 알 수

있지?

우선 A공장의 주사위 전개도는 잘못되었어요.

그건 왜?

이 전개도로는 주사위를 만들 수 없어요. 이 전개도를 접으면 2와 4가 한 면에 위치하게 되니까요.

그럼 C는?

문제의 주사위는 서로 마주 보는 눈의 합이 모두 7이에요. 그런데 C공장의 주사위의 전개도를 접으면 4는 3에, 1은 5에, 2는 6과 마주 보게 되므로 서로 마주 보는 눈의 합이 모두 7인 것은 아니지요. 그러므로 C공장의 주사위도 아니에요.

그래서 B공장의 주사위가 되는군.

맞아요. B공장의 전개도를 접으면 2는 5에, 1은 6에, 4는 3에 마주 보게 되므로 모든 마주 보는 눈의 합이 7이 되지요.

그렇군.

정육면체의 전개도

정육면체의 전개도는 몇 가지가 있을까요? 우선 정육면체의 면은 모두 6개이므로 6개의 정사각형을 합쳐서 만들어야 해요. 그리고 전개도는 돌리거나 뒤집어서 같아지는 것은 모두 같은 전개도라는 것을 명심하세요. 그럼, 차근차근 알아보죠.

먼저 정사각형을 세 개를 붙이는 방법은 다음과 같이 두 가지예요.

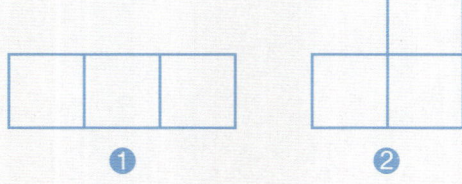

우선 ❶ 그림으로 해보죠. 여기서 정사각형 하나를 더 붙이는 방법은 다음과 같이 세 종류이죠.

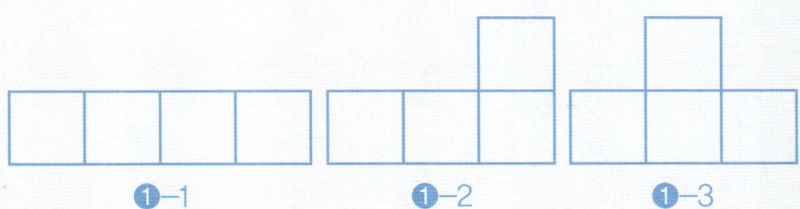

주사위가 되려면 한 줄에 다섯 개의 사각형이 달라붙으면 안 되므로, ❶-1 그림에서 다섯 번째 주사위를 붙이는 방법은 다음과 같이 두 종류예요.

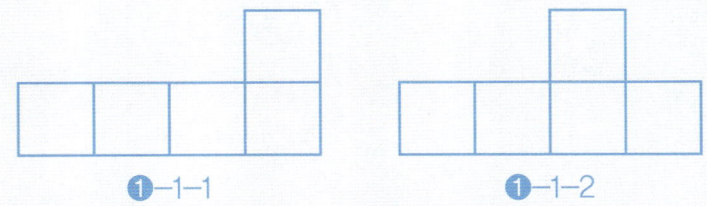

돌리거나 뒤집어서 같아지는 것은 모두 제외했어요.

그중 ❶-1-1 그림에서 여섯 번째 정사각형을 붙이는 방법은 다음과 같이 네 가지예요.

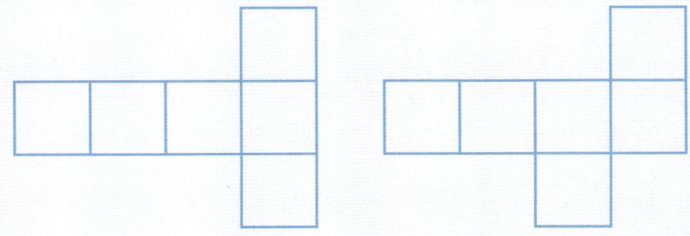

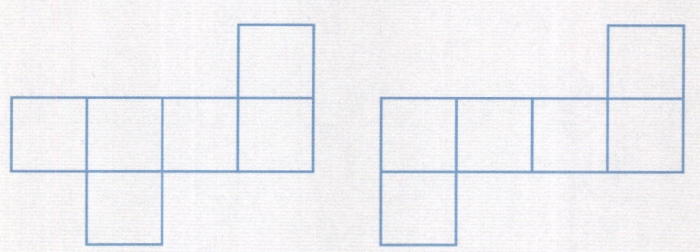

다음으로 ❶-1-2 그림에서 여섯 번째 정사각형을 붙이면 다음과 같아요.

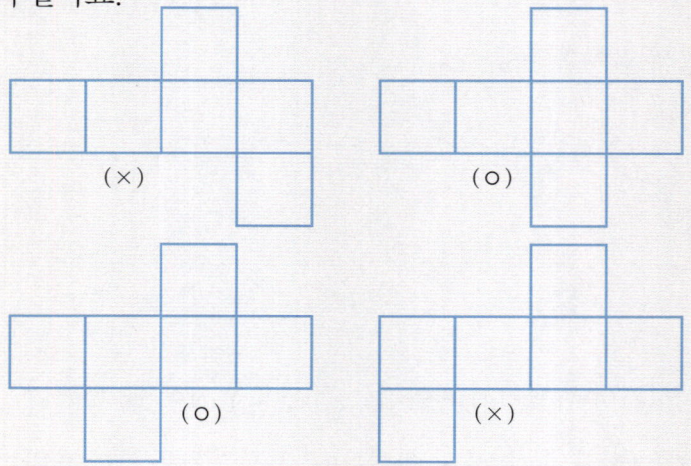

여기서 ○ 표를 한 것은 새로운 전개도이고, × 표를 한 것은 앞에 나온 것과 같아진 전개도예요. 그러니까 지금까지 여섯 종류의 서로 다른 전개도가 만들어졌죠? 이제 같은 방법으로 ❶-2와 ❶-3에서 만들어지는 모든 경우를 그려 보면 다음과 같아요.

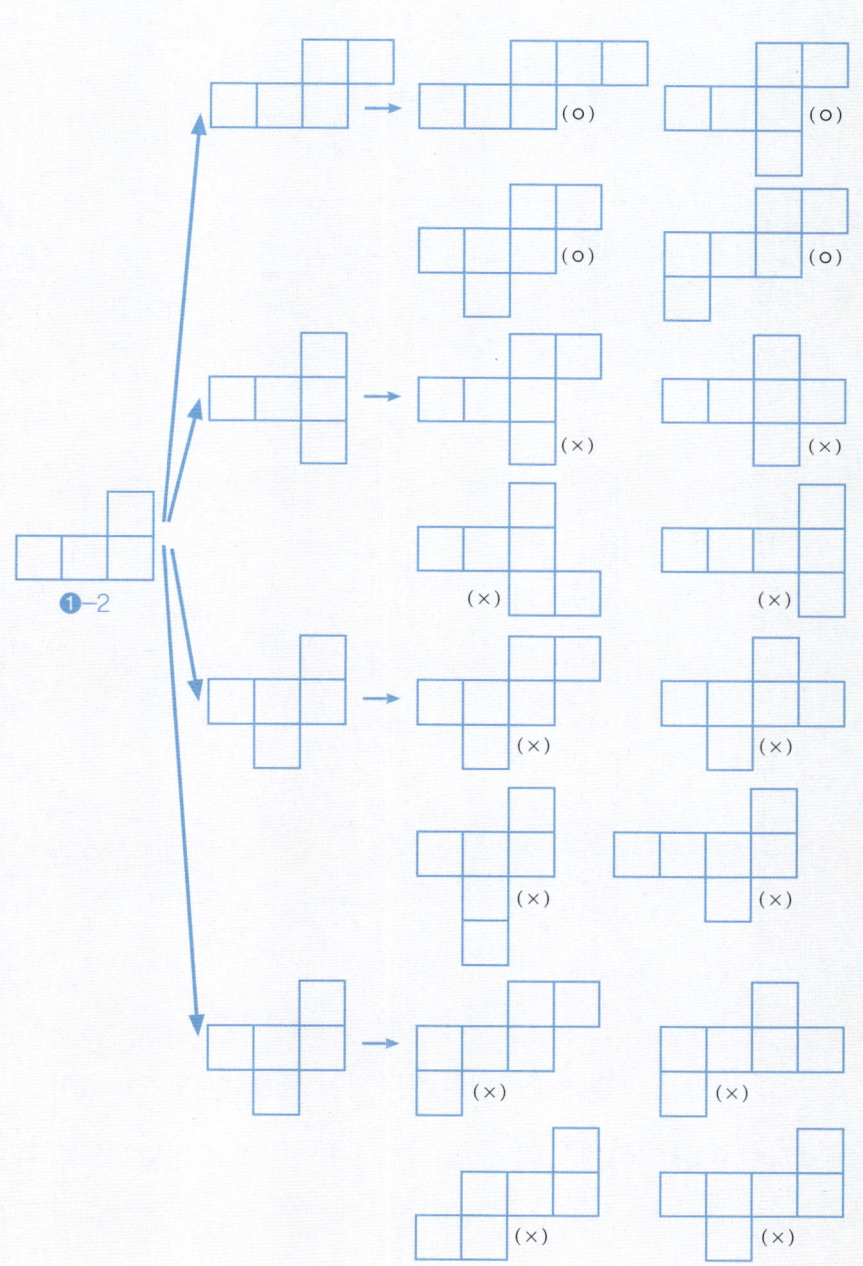

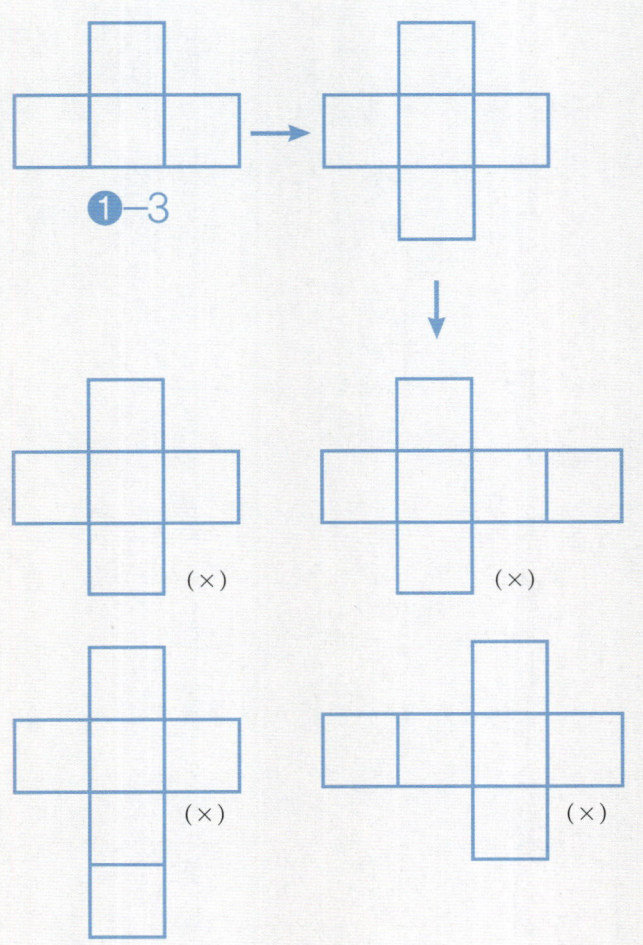

❶-3

(×) (×)

(×) (×)

그러므로 지금까지 10개의 서로 다른 전개도가 만들어졌어요.

이제 ❷ 그림에서 가능한 모든 전개도를 같은 방법으로 만들어 보죠.

❷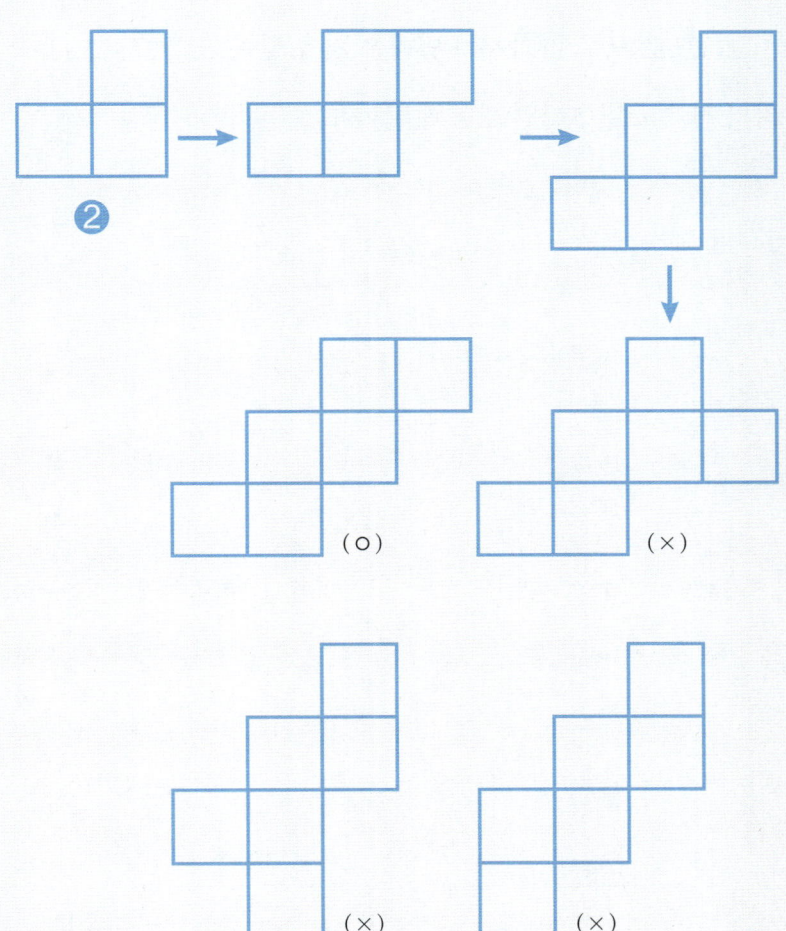

그러므로 모두 11가지가 있다는 것을 알 수 있지요. 그 11가지의 전개도를 그리면 다음과 같아요.

전개도가 만들어지는 과정을 보면서 논리력을 키워요!

8장

잃어버린 자동차 열쇠를 찾아라
-도형의 합동

"저, 잠깐만요."

금발의 긴 생머리를 손으로 넘기며 한 여인이 포터 형사에게 말했다.

"무, 무슨 일이시죠?"

엄청 예쁜 미인이 자신에게 말을 걸어오니 포터 형사는 가슴이 두근거렸다.

"이 쪽지를 주저브 경감님께 꼭 전해 주세요. 부탁드립니다."

포터 형사는 혹시나 자신에게 반해서 말을 걸었던 건 아닐까 싶었는데, 잠시나마 가졌던 기대감은 바람 빠진 풍선처럼 찌그러졌다.

"거참, 내가 요새 정신이 왜 이러지? 자동차 열쇠를 문에 꽂아 두고 와서 다시 가지러 갔다 오다니."

주저브 경감은 아침부터 툴툴거렸다.

"경감님, 그렇게 화내지 마세요. 오늘은 좋은 일이 있을 겁니다. 아까 요 앞에서 어떤 미인이 이걸 경감님께 전해 드리라고 하더군요."

"누가?"

"선글라스를 써서 얼굴을 잘 못 봤지만 금발이고 상당히 예쁜 것 같던데요."

"에헴. 내가 이래 봬도 인기가 좀 많아."

주저브 경감은 설레는 마음으로 쪽지를 펴 보았다

'10시에 노블 해변에서 만나요. NP'

"NP가 누구예요?"

포터 형사가 물었다.

"노라 파멜라? 이 여잔 금발이 아니야. 나나 패트릭? 이 여자는 지금 독일에 있을 텐데……."

매키는 가만히 주저브 경감의 말을 들으며 웃고만 있었다.

"아무튼 가 보지 뭐. 허허허."

"아저씨, 저도 따라가도 돼요?"

매키가 주저브 경감의 팔을 슬며시 잡았다.

"어험. 매키. 넌 오늘 할 일이 많잖아. 그럼……. 시간이 벌써 이렇게 됐나?"

주저브 경감은 자동차 열쇠와 코트를 챙기고 황급히 나갔다.

"어허. 내가 긴장을 했나. 이거 왜 이러지?"

자동차 열쇠가 문에 잘 들어가지 않았다. 손목시계를 보니 약속 시간이 5분이나 지나 있었다.

"새로 산 지 얼마 되지도 않았는데 고물이잖아. 젠장! 이러다가 늦겠는걸. 택시!"

주저브 경감은 할 수 없이 택시를 타고 약속 장소로 갔다. 노블 해변은 이름과는 달리 황량하기 그지없는 곳이었다. 긴 방파제 하나와 다 쓰러져 가는 탑 두 개만 있을 뿐 지나가는 새도 사람도 없었다.

"아저씨가 주저브 경감님이세요?"

웬 꼬마가 주저브 경감에게 말을 걸었다.

"그렇단다."

"어떤 아저씨가 이걸 전해 달래요."

꼬마는 꾸깃꾸깃 접은 종이를 주저브 경감에게 전해 주고 달아났다.

'남자? 여자가 아니고? 가만 NP라면? 혹시 누팡!'

주저브 경감은 끓어오르는 화를 참으며 종이를 펼쳤다.

'하하하. 나의 미모에 반해 여기까지 온 소감이 어떻소? 당신의 자동차 열쇠를 내가 방파제 벽에 묻어 두었으니 알아서 찾아가시오. 저기 보이는 탑 2개로부터 거리의 합이 최소가 되는 곳에 있소이다. 괜히 국가 기물인 방파제를 부술 생각은 말고 머리를 쓰세용!'

"으아아아악!"

고요했던 해변이 주저브 경감의 비명으로 가득 찼다.

"아침에 차 열쇠를 꽂아 두고 내렸을 때 그놈이 바꿔치기를 했던 거였어. 어쩐지 이 열쇠가 맞지 않더라니. 3일 전에 산 새 차를 감히 누팡이!"

주저브 경감은 들고 있던 열쇠를 바다로 던졌다. 큰 맘 먹고 36개월 할부로 근사한 자동차를 한 대 샀는데, 자동차 열쇠가 저 방파제에 있다니 미칠 노릇이었다. 게다가 방파제는 이 나라에서 가장 길다고 소문났으니, 무지무지 길었다.

"우선 차근차근 풀어 보자. 탑이 두 개가 있는데……. 옳지! 탑은 저기 두 개 있군."

태풍이 불면 날아가 버릴 만큼 다 허물어져 가는 탑 2개가 멀찍이 떨어져 있었다.

"탑 두 개로부터 가장 가까운 단 한 곳! 여기가 핵심이군."

주저브 경감은 빨간 볼펜을 꺼내서 줄을 그었다.

"일단 대충 저기쯤 가 보자."

주저브 경감은 눈대중으로 찍은 곳으로 걸어갔다. 바닷바람이 점점 거세지자 주저브 경감은 코트 깃을 여몄다.

"누팡! 다음번엔 내가 너를 혼내 줄 테다. 이게 무슨 고생이람."

그러나 주저브 경감이 생각했던 곳에는 열쇠는커녕 쓰레기만 잔뜩 있었다. 혹시나 하고 쓰레기 더미를 뒤졌지만 손만 더러워지고 말았다.

"매키를 데리고 왔으면 하고 후회하고 있었죠?"

"그래."

주저브 경감은 얼떨결에 대답을 하고 뒤돌아보았다. 그런데 매키가 나타났다!

"매키!"

"하하하. 전 처음부터 누팡이 꾸민 짓인 줄 알았어요. 그래서 혼자 절망하고 있을 아저씨를 생각해서 이렇게 왔어요."

주저브 경감은 매키를 꽉 끌어 안았다.

"매키! 아직 할부금도 안 낸 차야. 부디 꼭 자동차 열쇠를 찾아 줘."

주저브 경감은 누팡이 쓴 종이를 보여 주었다. 매키는 금방 답을 알았는지 방파제로 뚜벅뚜벅 걸어가기 시작했다. 주저브 경감도 매키의 뒤를 따라갔다.

"여기예요."

매키가 가리킨 곳에 열쇠가 있었다. 주저브 경감은 기뻐서 소리를 질렀다.

"근데 매키는 어떻게 안 거야?"

매키가 가리킨 곳은 어디일까?

1) P   2) Q   3) R

수학으로 범인 찾기

 정답은 Q입니다!

 어떻게 안 거지?

 도형의 합동을 이용했어요.

 합동? 그게 뭔데?

 두 도형이 완전히 포개어지면 그 두 도형은 합동이라고 말해요.

 똑같은 거로군.

 맞아요. 그럼 문제를 해결해 보죠. 다음 그림을 보세요.

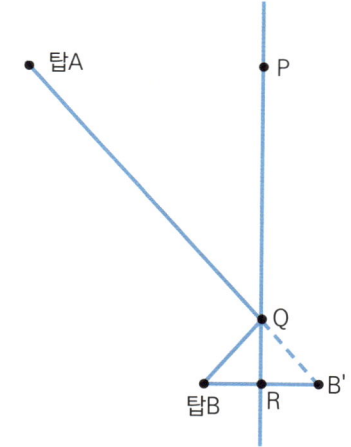

 A와 B로부터 거리의 합이 최소가 되어야 하니까 Q점이

그 최소가 되는 점이라면 $\overline{AQ}+\overline{QB}$가 최소가 되겠지요. 이때 탑 B의 방파제에 대한 대칭점을 B′라고 하면 △QBR과 △QRB′은 합동이 돼요. 완전히 포개어지죠. 그러므로 합동인 두 삼각형의 대응변의 길이가 같으니까 $\overline{QB}=\overline{QB'}$예요. 즉 $\overline{AQ}+\overline{QB}=\overline{AQ}+\overline{QB'}$가 되고 이때 $\overline{AB'}$은 직선이므로 가장 짧은 거리가 되지요. 그러므로 누팡이 숨겨 둔 지점은 Q지점이 되는 거예요.

그렇군. 이제 말끔하게 해결됐어!

도형의 합동을 이용해 봐요!

합동의 이용

도형의 합동을 이용한 문제를 하나 더 보죠.

다음 도형을 보세요.

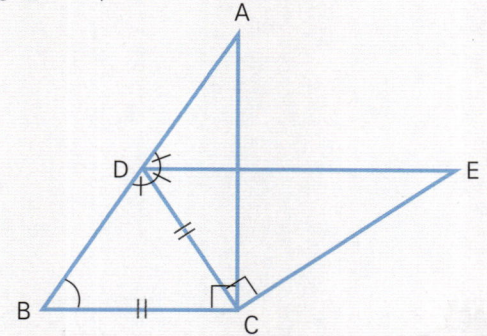

그림에서 △ECD는 △ABD를 꼭짓점 C를 중심으로 $\overline{ED}$와 $\overline{BC}$가 평행이 되도록 회전이동한 거예요. 이때 ∠BAC를 구해 볼까요?

우선 회전이동을 했으므로 두 삼각형은 합동이에요. $\overline{DE}$와

$\overline{BC}$가 평행이므로 ∠ADE=∠ABC죠. 그리고 △ECD와 △ABC는 합동이므로 이렇게 되죠.

$$∠ABC=∠EDC$$
$$\overline{BC}=\overline{DC}$$

△CDB는 $\overline{CD}$의 길이와 $\overline{CB}$의 길이가 같은 이등변 삼각형입니다.

$$∠CDB=∠CBD$$

그러므로 다음과 같은 등식도 성립하죠.

$$∠ADE=∠EDC=∠CDB$$
$$∠ADE+∠EDC+∠CDB=180°$$
$$∠ADE=60°$$

따라서 ∠BAC=180°-90°-60°=30°가 되지요.

9장

리치 그룹 회장의 황금 정사각형

- 도형의 변환

주저브 경감은 손을 들어 아침 인사를 하고 자리에 앉았다. 책상 위에는 오늘의 신문과 편지 한 통이 있었다.

"어머나. 이거 전 세계에서 부유하기로 손꼽히는 리치 그룹에서 보낸 거잖아요? 무슨 일이에요?"

매키가 주저브 경감이 들고 있는 편지를 보며 말했다.

"초대장이야. 항상 이맘때면 연말 파티에 날 초대하곤 하지. 음."

모두 부러운 시선으로 주저브 경감을 바라보았고, 주저브 경감은 우쭐한 표정을 지어 보였다.

"리치 그룹 회장님이랑 어떻게 알게 된 거예요?"

"몇 년 전 내가 회장님 저택에서 일어난 도난 사건을 해결해

준 적이 있거든. 그때부터 친분을 쌓아 오고 있었지. 연말 파티에 날 초대하는 것은 사람들이 워낙 많이 참석해서 또 도난 사건이 일어날까 봐 내게 도움을 구하려는 거지."

"아무튼 부잣집에서 연말 파티하면 굉장한 음식이 나올 거잖아요. 주저브 아저씨……."

"얘가 갑자기 왜 이래?"

"저도 그 파티에 데리고 가 주세요. 얌전히 음식만 먹을게요. 헤헤."

주저브 경감은 흔쾌히 승낙했다. 현장에 오래 있었던 그는 이번에도 어떤 사건이 일어날 것 같다는 것을 느꼈기 때문이다.

"어서 오십시오. 초대장을 들고 계시는 분만 입장할 수 있습니다. 초대장을 보여 주시겠습니까?"

과연 리치 그룹의 명성에 걸맞게 철저하게 보안을 유지하기 위해 입구부터 초대장을 지닌 사람만 들여보내고 있었다.

"네, 여기 있습니다."

"근데 이분은……?"

리치 그룹의 회장 비서가 날카로운 눈으로 매키를 노려보았다.

"아, 제 아들입니다. 하하하. 하도 졸라서 데리고 왔으니 이번만 봐주세요. 전 현직 경찰이라서 믿을 만한 사람입니다."

비서는 내키지 않는 표정으로 매키도 같이 들여보내 주었다.

"이야, 이게 집이야, 궁전이야."

매키는 눈을 동그랗게 뜨며 주위를 둘러보았다. 정원은 곳곳에 분수대와 인공 폭포로 꾸며져 있었으며, 한쪽에는 대형 수영장도 있었다.

"자, 오늘 저의 파티에 참석해 주신 여러분 정말 고맙습니다. 하하하."

리치 그룹 회장 노골드는 사람들에게 일일이 인사를 했다.

"회장님, 이번에 보물을 하나 찾으셨다고 하던데……."

"험험."

노골드 회장은 헛기침을 했다.

'이래서 유명인이 되면 골치 아프다니깐. 도대체 어떻게 안 거야?'

노골드 회장은 언짢은 듯 인상을 찌푸렸다.

"어머, 무슨 보물을 찾으셨어요? 보여 주시면 안 될까요?"

"회장님은 이렇게 돈도 많으시면서 또 보물을 찾으셨나요?

어디 조금만 봅시다."

"그래요. 본다고 닳는 것도 아니잖아요."

여기저기서 사람들이 노골드 회장에게 몰려와 보물을 보여 달라고 재촉했다.

"미스터 빌, 그걸 가져오게."

노골드 회장은 비서에게 열쇠를 주었다. 잠시 후 비서는 노란 광채가 뿜어 나오는 황금으로 된 정사각형을 조심스럽게 들고 나왔다.

매키는 손목에 차고 있는 자동 길이 측정장치를 작동시켰다. 그러자 황금 정사각형의 한 변의 길이는 12cm임을 알아냈다.

"이야."

눈앞에서 커다란 황금 정사각형을 본 사람들은 입을 다물지 못했다.

"매키, 저것 좀 봐."

주저브 경감은 끊임없이 음식을 먹고 있는 매키를 쿡쿡 찔렀다.

"개도 밥을 먹고 있으면 안 건들잖아요. 저는 랍스터 처음 먹어 보거든요. 이거 다 먹어 치울 테니까 말 시키지 말아요."

"냠냠."

'탁.'

순간 수천 개의 조명이 환하게 비추고 있다가 동시에 꺼졌다. 정원은 어둠에 휩싸였다.

"비상등! 비상등을 켜."

노골드 회장은 필사적으로 외쳤고 금세 불이 들어왔다. 하지만 황금은 감쪽같이 사라지고 없었다.

"주저브! 주저브 경감!"

"네, 회장님."

"이런 일에 대비해서 내가 자네를 부른 것일세. 어서 수사를 진행하게."

"정전을 시키고 순식간에 물건을 훔치는 수법으로 보아 누팡의 짓이 틀림없습니다."

사건 냄새를 맡은 매키는 눈빛이 날카롭게 변하며 말했다.

"하지만 이곳에는 초대장을 받은 사람들만 올 수 있잖아? 누팡이 초대장을 받았을 리도 없고 말이야."

주저브 경감이 의아한 표정으로 말했다.

"누팡은 변장의 천재입니다. 그러니까 초대장을 받은 사람 중 하나의 모습으로 변장하여 이 파티에 참석했을 가능성이 있습니다. 초대받은 사람들을 하나씩 조사해야겠습니다."

매키가 눈을 반짝이며 말했다.

주저브 경감은 매키와 함께 사무실로 돌아와 노골드 회장에게 초대장을 받은 사람들의 명단을 살펴보았다. 주저브 경감과 매키는 밤을 세워 초대장을 받은 사람들을 일일이 검토했다. 그리고 사무실의 긴 소파에 기대어 잠들었다.

날이 밝자 포터 형사가 신문을 들고 사무실로 들어와 지친 표정으로 소파에서 잠들어 있는 두 사람을 발견했다. 주저브 경감과 매키는 포터 형사의 헛기침 소리에 잠에서 깨어났다.

"포터, 오늘 신문인가?"

주저브 경감이 포터 형사의 손에 들린 신문을 바라보며 물었다.

"따끈따끈한 신문이죠."

포터 형사가 장난기 어린 목소리로 말하면서 주저브 경감에게 신문을 건넸다. 신문을 이리저리 둘러보던 주저브 경감의 눈동자가 갑자기 커졌다.

"매키, 여길 봐."

매키와 포터 형사는 주저브 경감이 손으로 가리키는 신문

기사를 바라보았다. 신문 광고란에는 직사각형 모양의 황금을 경매에 부친다는 글이 실려 있었다. 전면광고로 게재된 황금 직사각형은 실제 크기의 사진이었고, 여기저기 잘라서 붙인 흔적이 있었다. 매키는 자동 길이 측정장치를 작동시켰다. 그러자 다음과 같은 화면이 나타났다.

매키는 잠시 생각에 빠졌다.

"매키, 뭘 그리 고민하는 거지? 고민할 게 없잖아? 이건 노골드 회장의 황금이 아니잖아? 노골드 회장의 황금은 정사각

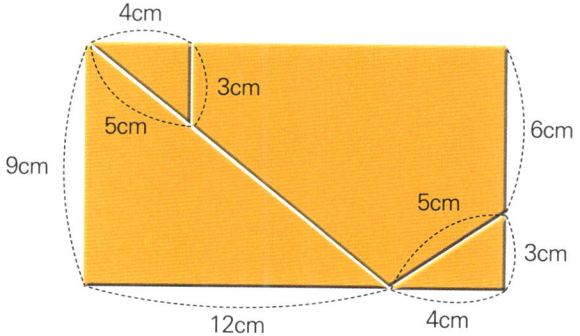

형이고 신문에 게재된 황금은 직사각형이니까 말이야. 정사각형과 직사각형은 완전히 다른 도형이야."

주저브 경감이 파이프에 불을 붙이며 말했다.

"아저씨, 하지만 직사각형이 여러 개의 조각으로 나뉘어 있다는 게 조금 이상해요."

매키는 신문에 난 직사각형을 유심히 들여다보았다. 그리고는 갑자기 소리쳤다.

"아저씨, 신문에 난 황금은 노골드 회장의 황금이에요. 누팡이 경매에 부친 게 틀림없어요."

어떻게 매키는 노골드 회장의 정사각형 황금과 누팡이 경매에 부친 직사각형의 황금이 같은 것임을 알았을까?

 수학으로 범인 찾기

🧓 노골드 회장이 잃어버린 황금은 정사각형이야. 그리고 누팡이 경매에 부친 황금은 직사각형이야. 그런데 어떻게 누팡이 범인이지?

👦 노골드 회장의 정사각형 황금은 한 변의 길이가 12cm이므로 넓이는 $12 \times 12 = 144 cm^2$죠.

🧓 누팡의 직사각형은?

👦 가로의 길이가 16cm이고 세로의 길이가 9cm이므로 직사각형의 넓이는 $16 \times 9 = 144 cm^2$죠. 두 넓이는 같지요.

🧓 넓이가 같다고 같은 도형이라고 할 수는 없잖아? 하나의 도형과 넓이가 같은 도형은 얼마든지 만들 수 있는 거 아닌가?

👦 물론 그렇죠. 하지만 신문에 난 직사각형은 잘라낸 흔적이 있어요. 즉 노골드 회장의 정사각형을 적당하게 자른 다음 다시 붙여 만든 거죠.

🧓 어떻게 확신하지?

👦 다음 그림을 보세요.

❶ ❷

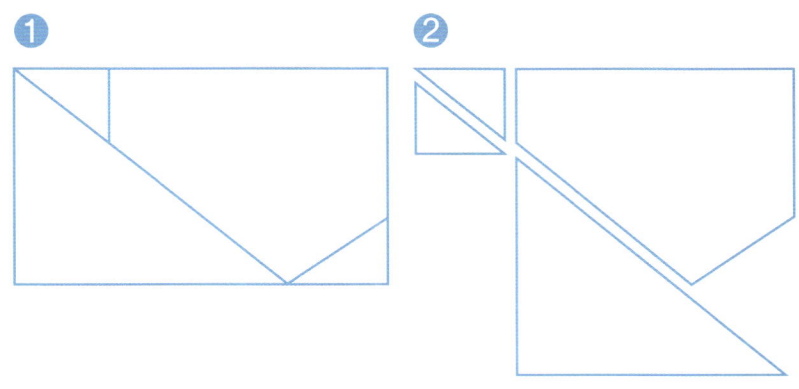

🧓 도형을 나누어 놓으니 더 모르겠는걸.

🧑 각각의 도형을 잘 배치해 보면 다음과 같아요.

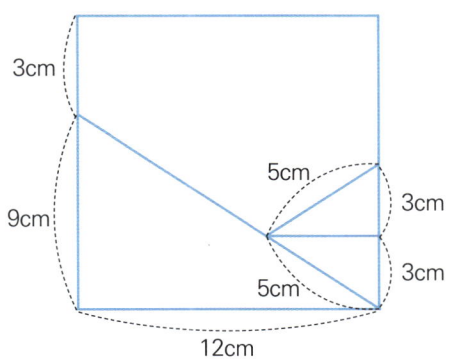

🧓 완벽하군. 정말 신기하군.

🧑 도형의 변환일 뿐이에요.

도형의 변환

다음 그림과 같이 두 개의 크고 작은 정사각형이 붙어 있다고 해 봐요.

이것을 적당히 오려 붙여서 하나의 정사각형으로 만들 수 있어요. 다음 그림을 보죠.

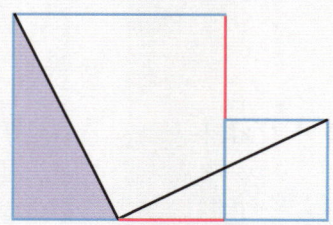

왼쪽 페이지 그림과 같이 보조선을 그려 봐요. 붉은 선은 길이가 같아요. 보라색 부분을 다음과 같이 이동해 보세요.

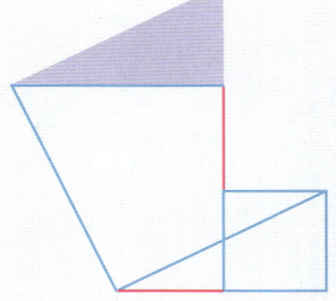

이상한 모습이 되었군요. 이 그림에서 아래쪽 직각삼각형을 노란색으로 칠해 봐요.

이제 노란색 삼각형을 다음과 같이 이동시켜 붙이면 되지요.

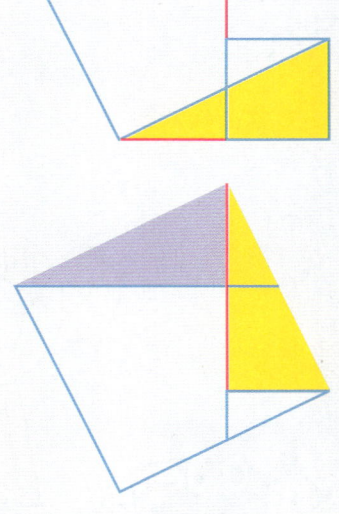

어때요? 하나의 정사각형이 만들어졌죠? 이런 방법을 도형의 변환이라고 불러요.

거울 살인 사건
-반사의 수학

"아저씨, 저 휴가 좀 보내 주세요."

"응? 갑자기 그게 무슨 소리야?"

"방학이 되었으니 저도 친구들이랑 놀고 싶어서요. 1박 2일로 고스트 리조트로 놀러 가기로 했어요."

매키는 주저브 경감에게 꼭 필요한 사건 해결사이지만 그동안 매키의 도움을 많이 받았으므로 좀 쉬게 해 주는 게 좋을 것 같았다.

"그래. 조심해서 다녀와. 일본의 소년탐정 김전일처럼 매키가 나타나는 곳엔 꼭 사건이 일어나니까. 하하하. 이번에는 아무 일 없길 바라네."

"넵!"

고스트 리조트는 스릴과 공포를 좋아하는 젊은이들이 많이 찾는 장소다. 차를 타고 한참 가야 하는 외진 곳에 리조트가 있기 때문에 그야말로 모험을 즐기기엔 최적의 장소이다. 특히 진짜 폐가를 개조해 만든 귀곡 산장과 사방이 유리로 된 방에서 하는 서바이벌 게임은 인기가 최고였다.

해가 지고 어둠이 스며들 무렵, 매키 일행은 고스트 리조트에 도착했다.

"과연 소문대로 리조트 전체가 음산하구나."

매키의 친구 브레드가 차에서 제일 먼저 내리며 말했다.

"사건이 일어날 것만 같은 밤이야."

뒤따라 내린 토니가 목소리를 낮추며 말했다.

"하하하. 애들이 왜 이래. 그러지 말고 즐겁게 놀아 보자. 우리 거울의 방에 가서 서바이벌 게임이나 하자. 진 사람이 오늘 저녁밥 하기다."

언제나 활발한 라이언이 애써 웃으며 일행을 데리고 로비로 갔다.

"각자 서명하시기 바랍니다. 손님들의 부주의로 일어난 사고는 저희 리조트에서 책임지지 않습니다."

지배인이 미소를 지으며 사고에 대해 책임지지 않아도 된다는 내용이 담긴 동의서를 내밀었다.

"설마 무슨 일이야 있겠어. 자, 어서 사인하고 가 보자."

라이언이 제일 먼저 사인을 하고 일행을 재촉했다. 매키는 왠지 찝찝한 기분이 들었다.

거울의 방은 사면이 모두 거울로 된 방이다. 서바이벌 게임을 할 때 불을 끄기 때문에 사방은 아무것도 보이지 않고 캄캄하다. 총에서 나오는 희미한 불빛과 어둠 속에서 들리는 인기척으로 상대방의 위치를 파악해 총을 쏘고 최후까지 총에 맞지 않고 살아남은 자가 승리한다. 어두컴컴한 방에서 거울에 희끗희끗 비치는 사람의 모습을 보고 기절해서 나간 경우도 많은 스릴 만점 모험이다.

"각자 총 한 자루씩 받으세요."

지배인이 총을 나눠 주었다.

"이거 진짜 총 아니죠?"

"하하하. 총에서 나오는 총알은 물감덩어리죠. 총알을 맞은 사람은 야광 물감이 몸에 묻게 되어 어둠 속에서도 쉽게 보이기 때문에 자동으로 탈락됩니다."

"얘가 오늘 왜 이리 겁을 먹고 그래?"

라이언이 브레드에게 핀잔을 주었다. 매키도 브레드가 평소와 달리 유난히 겁을 먹는 것이 좀 이상하다고 생각했다.

"제가 여러분의 위치가 적힌 종이를 나눠 드릴 테니 그대로 들어가시기 바랍니다. 상대방은 자신의 위치를 알 수 없으며 어둠 속에서 오로지 소리에 의존해 찾아가시기 바랍니다. 소리를 지른다는 건 상대방에게 내 위치를 알려 주는 셈, 그건 곧 자살 행위죠."

"아, 그리고."

뒤돌아서 가던 지배인이 할 말이 남은 듯 걸음을 멈추었다.

"거울에 귀신이 비친다고 하던데 그건 헛소문입니다. 상대방의 모습이 거울에 비친 걸 귀신으로 착각하지 말고 괜한 소문 내지 마세요. 우리 리조트 이미지만 나빠지니깐요."

"어휴. 이거 정말 무섭겠다."

"난 기대되는걸. 어서 들어가 보자."

한 사람씩 거울의 방으로 들어가고 매키가 제일 마지막으로 들어갔다.

'왠지 불길한 예감이 들어. 탐정으로서 말이야.'

매키는 두근거리는 심장을 진정시키려고 애썼다.

"팡."

한 발의 총성이 울렸다.

'벌써 시작인가.'

매키도 총을 겨누고 귀에 온 신경을 집중해 친구들, 아니 적들의 위치를 파악하기 시작했다. 캄캄한 방에서 거울을 보니 귀신이라도 보일까 봐 새삼 무서웠다.

'어휴. 이거 장난이 아니네. 여름에 오면 더위가 싹 가시겠네.'

"쾅."

이번에도 총소리가 들렸다. 그러나 아까와는 달리 좀 더 큰 소리였다.

"으아악."

누군가 소리를 지르자 매키도 덩달아 그쪽으로 총을 쏘기 시작했다.

"잠깐! 그만해. 나 진짜 총에 맞은 것 같아."

어둠 속에서 브레드의 목소리가 들렸다.

"모두 그만해. 어서 불을 켜."

매키가 다급하게 외쳤고 잠시 후 불이 들어왔다. 브레드는 다리를 조금 다친 듯했다.

"괜찮아?"

"응. 그리 큰 부상은 아니야. 하지만 이 방에 있는 누군가가 날 노리고 쐈으니 범인을 잡아야 해."

"지금 당장 여기를 나가자."

매키는 친구들과 로비로 갔다.

"너희는 잠깐 여기 있어. 도망가는 사람은 스스로 범인임을 알리는 꼴이니 꼼짝 말고 있어."

매키는 지배인을 아무도 없는 방으로 불렀다.

"그러니까 제가 뭐라고 했습니까? 여기서 무슨 일이 일어나도 우리는 책임지지 않는다구요!"

"당신은 누구의 사주를 받았지요?"

"그게 무슨……."

매키는 품속에서 경찰 수첩을 꺼내 보여 주었다. 지배인의 얼굴에 당혹감이 서렸다.

"사실 며칠 전 이상한 전화를 받았습니다. 손님들이 오시면 이 위치대로 배정해 달라며……. 그렇지만 서바이벌 총은 아무 문제 없습니다. 항상 안전 점검을 하고 내주기 때문이죠. 그리고 총은 제가 무작위로 나눠 주는 걸 당신도 봤잖아요."

"하지만 서바이벌 총 중에 레이저 총이 섞여 있었고, 그 총에 제 친구가 맞았습니다. 잘못 맞았으면 위험할 뻔했다구요."

"생각해 보세요. 서바이벌 게임은 자신의 위치가 들통나면 안 되니 한 사람씩 시간 차이를 두고 거울의 방으로 들어가죠. 거울의 방에 들어가기 전에 총을 바꿀 시간은 충분히 있었습니다."

매키는 지배인의 말에 일리가 있다고 생각했다.

"그럼 거울의 방 평면도와 친구들이 어느 위치에 있었는지 하나 그려 주세요. 그리고 아저씨는 지금 당장 경찰을 불러 주세요."

"경찰한테 연락해도 1시간 후에 올 겁니다. 여기가 워낙 외진 곳이라."

지배인은 매키에게 그림을 그려 주고 수화기를 들어 경찰에게 연락했다.

매키는 각자의 위치가 그려진 그림을 친구들에게 보여 주었다.

"난 범인이 아니야. 난 P점을 향해 총을 쐈거든."

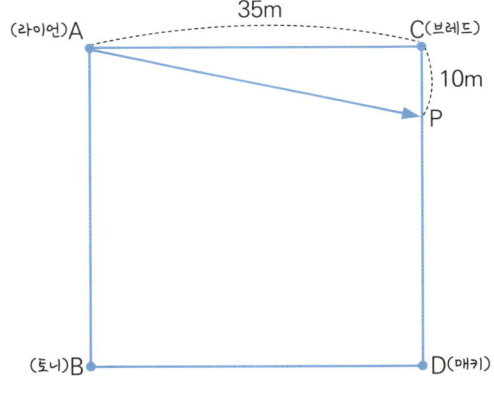

라이언이 손으로 가리키며 말했다.

"라이언, 넌 네가 스스로 범인이라고 말한 꼴이 되었구나."

"뭐, 뭐라고?"

매키는 어떻게 라이언이 범인인 걸 알았을까?

수학으로 범인 찾기

🧔 라이언이 어떻게 범인이지?

👦 거울의 반사 법칙을 이용하면 되죠.

🧔 그게 무슨 말이지?

👦 거울의 방에서 레이저 총은 벽에 부딪히면 들어간 각도와 같은 각도로 반사되지요.

👦 그러므로 라이언이 쏜 총은 다음 그림과 같이 반사될 거예요.

🧔 그림 C로 가질 않잖아?

👦 과연 그럴까요? 이런 반사 문제는 다음과 같이 벽을 펼쳐서 레이저가 향한 방향이 직선이 되게 그릴 수 있어요. 물론 들어간 각도와 나온 각도가 같게 그려야 하고요.

🧔 잘 이해가 안 되는데.

👦 좀 더 쉬운 예를 들어 볼게요. 다음 그림을 보세요.

🧑‍🦱 P는 B와 D로부터 거리가 같은 점이라고 해 봐요. 그리고 A에서 P로 빛을 쪼이면 P에 맞은 후 빛이 어디로 가나요?

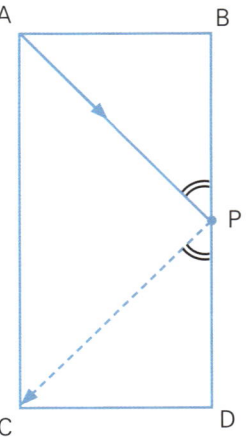

👴 그야 당연히 C로 가지.

🧑‍🦱 반사의 법칙은 벽면에 들어가는 각도와 튀어 나오는 각도가 같다는 뜻이에요. 하지만 빛이 반사의 법칙을 따르더라도 가장 짧은 길을 택해서 가는 것만은 변함이 없어요. 그러므로 P에 부딪친 후 벽면 $\overline{AC}$ 쪽으로 향하는 것을 다음과 같이 새로운 벽을 붙여서 그릴 수 있지요.

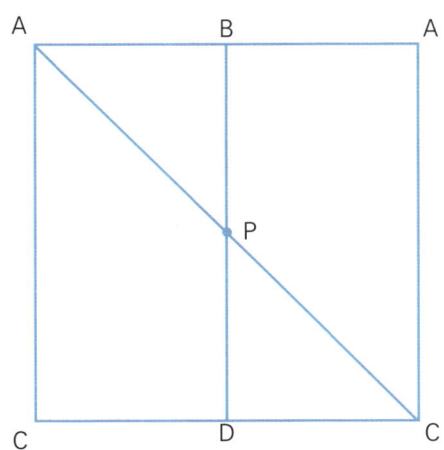

그러므로 A에서 P로 간 빛이 P에서 $\overline{AC}$로 가장 짧은 길을 택해 가는 방법은 C로 가는 방법밖에 없어요. 이때 반사의 법칙이 적용된다는 것은 $\overline{BD}$를 중심으로 한두 개의 직사각형을 접어서 포개 보면 알 수 있지요.

그러니까 이런 식으로 총이 반사의 법칙을 따라 진행하는 방향을 그리면 다음과 같아요.

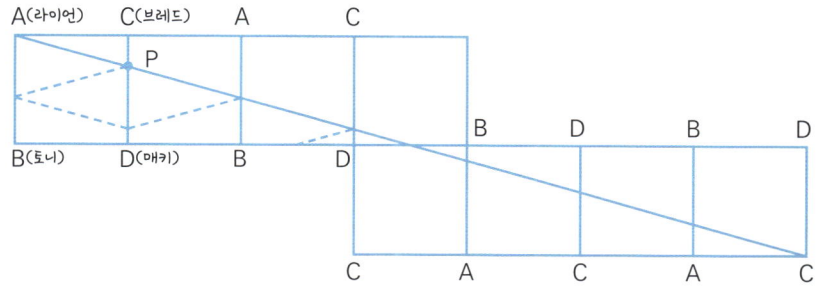

정말 C로 가는군.

거울의 수학

다음 그림에서 A에서 쏜 빛이 $\overline{CD}$, $\overline{AB}$에 반사되어 점 P에 도달하려면 점 E는 점 D에서 몇 m 떨어진 곳이어야 할까요?

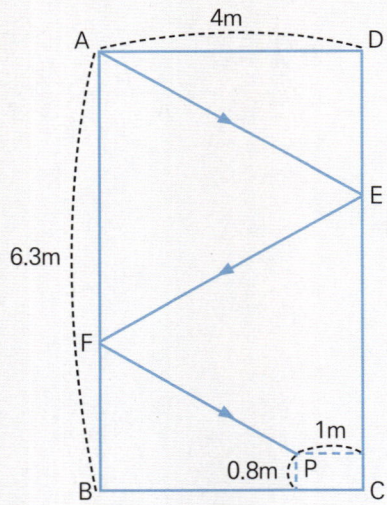

이때 빛의 진행($\overline{AP'}$)이 일직선이 되도록 벽을 펼쳐서 선대

칭을 이용하여 그리면 다음 그림과 같아요.

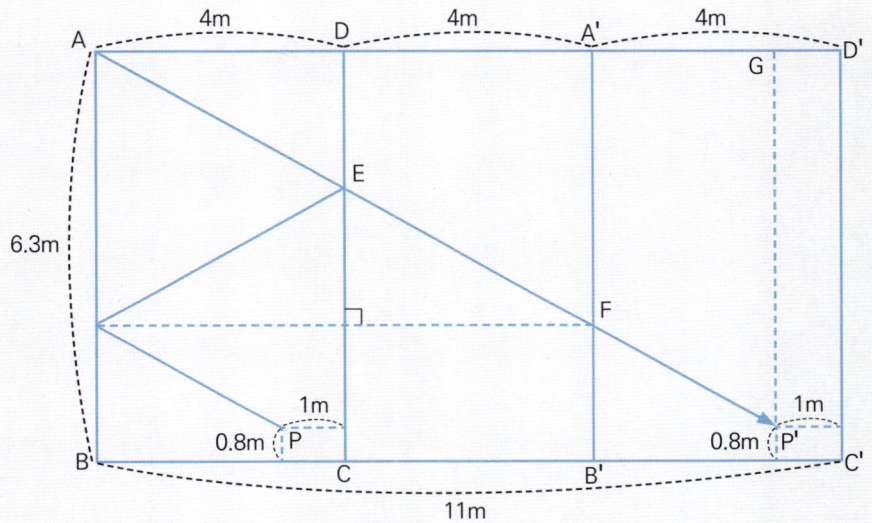

삼각형 △AGP′와 △ADE는 닮은 도형이고 $\overline{AD}$의 길이는 $\overline{AG}$의 길이의 $\frac{4}{11}$이므로 $\overline{DE}$의 길이도 $\overline{GP'}$의 길이의 $\frac{4}{11}$가 되어야 해요.

$$\overline{GP'}=6.3-0.8=5.5m$$
$$5.5\times\frac{4}{11}=2m$$

따라서 E는 점 D로부터 2m 떨어진 곳에 있어야 하지요.

수영장 익사 사건
-부피

"경감님, 스위밍 수영장에서 익사 사고가 났어요."

포터 형사가 허둥대며 경찰서로 들어왔다.

"죽은 사람은 누구인가?"

주저브 경감은 보고 있던 신문을 옆으로 치우며 물었다.

"제임스 주니어예요."

"제임스 주니어라면 제임스 백작의 하나밖에 없는 아들이잖아? 뭔가 냄새가 나는군! 단순한 익사 사고는 아닌 것 같아."

주저브 경감은 턱을 쓰다듬으며 뭔가 생각에 잠긴 눈치였다. 70살이 넘은 제임스 백작은 로고스 시 최고의 갑부였다. 제임스 백작은 평생 동안 결혼하지 않고 살았는데 나이가 들면서 외로워지자 제임스 주니어라는 열 살 난 아이를 양자로 들였다. 그러니까 제임스 주니어는 제임스 백작의 유일한 상속자로 제임스 백작이 죽으면 어마어마한 유산을 물려받게 되어 있었다. 최근, 제임스 백작의 건강이 나빠지자 신문에는 어린 백만장자 제임스 주니어에 대한 기사가 날마다 실렸다.

"주저브 아저씨, 그 소식 들었어요?"

매키가 허겁지겁 사무실 문을 열고 들어왔다. 매키도 긴급 뉴스를 듣고 주저브 경감을 만나러 온 것이었다.

"일단 사고 현장으로 가 보자."

주저브 경감의 말이 끝나기 무섭게 세 사람은 사고가 난 스위밍 수영장으로 향했다.

사고 현장에는 수영장 관리자인 웨이빙 씨가 나와 있었다.

"이 수영장의 물 깊이가 얼마죠?"

매키가 웨이빙 씨를 똑바로 쳐다보며 물었다.

"이 수영장은 하루에 단 한 사람만 사용할 수 있습니다. 제임스 주니어 같은 귀족 자제만 사용할 수 있는 아동용 수영장으로 물 깊이는 1m입니다."

"가만, 제임스 주니어의 키가 140cm라면 익사할 리가 없잖아?"

주저브 경감이 자료를 훑어보면서 말했다.

"아마 물을 넣은 직원이 실수한 것 같습니다. 사고가 난 후 물 깊이를 재 보니, 2m였습니다."

웨이빙 씨가 기어 들어가는 목소리로 말했다.

"여긴 아동용 수영장 하나뿐인가요?"

매키가 다시 물었다.

"아동용 수영장의 옆방에는 깊이가 3m인 성인용 수영장이 있고, 그 옆방에는 깊이가 6m인 다이빙 풀이 있어요. 그리고 세 수영장의 물의 부피는 항상 같은 양이에요."

웨이빙 씨가 설명했다.

"그 직원을 당장 잡아들이게."

주저브 경감이 포터 형사에게 명령했다. 잠시 자리를 비웠던 매키가 수영복 차림으로 돌아왔다.

"매키! 지금 수사 중이야. 우린 놀러 온 게 아니란 말이야."

주저브 경감이 매키를 나무랐다.

"저도 알아요. 뭔가 좀 이상해서요. 1m 깊이를 채워야 하는

데 2m를 채우는 실수를 한다는 게……. 아저씨, 잠깐 수영장 좀 조사해 보고 올게요."

매키는 물안경을 쓰고 물속으로 들어갔다. 잠시 후 물 밖으로 나왔다.

"누군가 제임스 주니어를 고의로 익사시킨 것 같아요. 성인용 수영장과 아동용 수영장 사이의 벽에 커다란 구멍이 나 있어요. 아마 다이빙 풀 벽과 성인용 수영장 사이에도 구멍이 나 있을 거예요."

매키의 말이 끝나기 무섭게 웨이빙 씨는 직원을 시켜서 다이빙 풀과 성인용 수영장 사이의 벽을 조사하게 했다. 매키의 추측대로 두 벽 사이에는 누군가 드릴로 뚫은

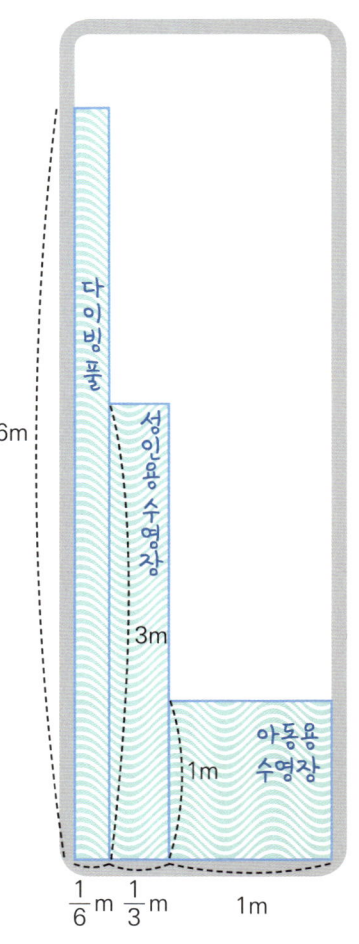

구멍이 있었다. 매키는 웨이빙 씨에게 세 수영장의 도면을 요구했다. 도면은 다음 그림과 같았다.

"누군가 제임스 주니어를 죽인 거예요."

매키가 눈을 번뜩이며 말했다.

"누가 그런 짓을 한 거지?"

주저브 경감이 물었다.

"제임스 주니어가 죽으면 상속받을 수 있는 사람이겠지요."

"그렇다면 제임스 백작의 먼 친척인 망나니 러플린?"

주저브 경감은 뭔가 생각이 난 듯 러플린의 이름을 떠올렸다.

세 수영장이 구멍을 통해 연결되면 아동용 수영장의 깊이는 2m가 될 수 있을까?

수학으로 범인 찾기

🧓 구멍을 뚫으면 아동용 수영장의 깊이가 왜 2m로 변하는 거지?

👦 앞에서 설명한 것처럼 세 수영장은 물의 깊이는 다르지만 부피는 같아요. 하지만 세 수영장의 벽에 구멍을 뚫어 물이 이동할 수 있게 되면 세 수영장의 물의 깊이는 모두 같아져요.

🧓 흠……. 하지만 어떻게 2m를 만들 수 있었지?

👦 각 수영장에 들어갈 수 있는 물의 양을 1이라고 해 보죠. 다이빙 풀의 깊이가 6m, 성인용 수영장의 깊이가 3m, 아동용 수영장의 깊이가 1m이니까 각각의 수영장의 깊이의 비는 6:3:1이죠. 그런데 들어간 물의 부피는 같으므로 1로 깊이를 나누면 각 수영장의 밑넓이의 비는 $\frac{1}{6} : \frac{1}{3} : \frac{1}{1}$ 이에요.

🧓 음, 그렇군.

👦 또 각각의 수영장에 들어간 물의 양을 1이라고 하면 각각의 밑넓이는 $\frac{1}{6}, \frac{1}{3}, \frac{1}{1}$ 가 되지요. 이제 수영장 사이의 벽에 구멍을 뚫으면 바닥이 모두 연결돼요. 그러니까 수영장 전체의 넓이는 각각의 수영장의 밑넓이를 합한 것이 되죠.

$$\frac{1}{6} + \frac{1}{3} + 1 = \frac{3}{2}$$

🧔 그런데 전체 물의 양을 밑넓이를 합한 것으로 나눈 값이니까 수영장의 깊이는 2m가 되죠.

$$3 \div \frac{3}{2} = 2$$

👴 아니, 그런데 왜 물의 양이 3이 나오는 거지?

🧔 아저씨, 각각의 수영장에 들어간 물이 1씩이니까 세 수영장을 합하면 3이 나오는 게 맞지요.

👴 아, 그걸 놓칠 뻔했군. 자, 수영장이 왜 그렇게 되었는지 알았으니까 빨리 범인을 잡으러 가 볼까?

🧔 어서 가요!

물의 부피

물의 부피에 관한 문제를 풀어 보죠. 우선 물의 부피는 용기의 형태가 달라져도 항상 같다는 것을 명심하세요. 다음 그림과 같은 직육면체 모양의 그릇에 물이 들어 있어요.

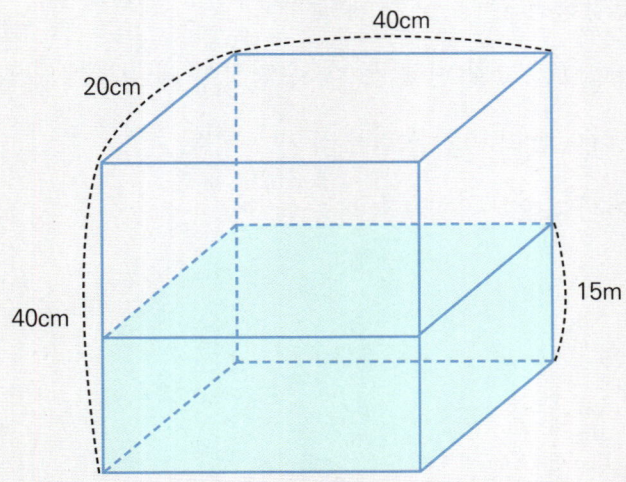

여기에 다음 그림과 같이 밑면의 한 변의 길이가 8cm인 사각기둥 막대를 밑면이 바닥에 닿도록 세우면 물의 높이는 몇 cm가 될까요?

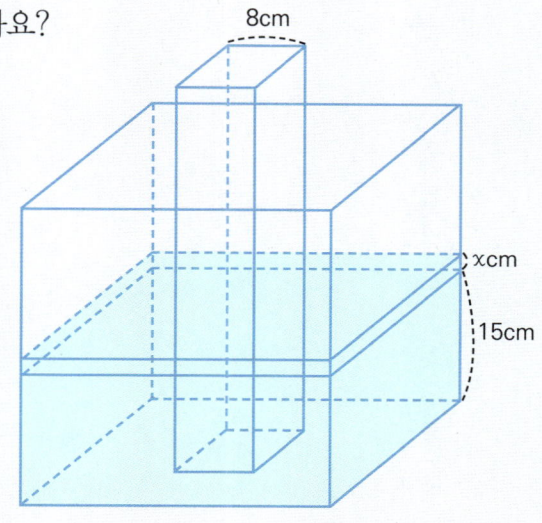

막대를 꽂았을 때 높아진 물의 높이를 $x$cm라고 해 봐요. 그럼 막대는 $(x+15)$cm만큼 물에 잠겨 있지요? 따라서 높아진 물의 부피는 물속에 잠긴 막대의 부피와 같아지지요.

$$40 \times 20 \times x = 8 \times 8 \times (x+15)$$

여기서 $x = 1\frac{7}{23}$ 이므로 물의 높이는 $15 + 1\frac{7}{23} = 16\frac{7}{23}$ (cm)가 되지요.

아이돌 스타와 안티팬
-부피 구하기

오늘은 아침부터 노라쥬 과학 초등학교가 시끌벅적했다. 왜냐하면 로고스 시 최고의 아이돌 스타인 리키 군이 노라쥬 초등학교에 일일 교사로 초대되었기 때문이다.

"리키가 우리 학교에 온대!"

"그게 정말이야?"

"정말 리키가 그 화려한 문어발 춤을 우리 학교에서 선보이는 거야?"

아이들은 아침부터 리키가 온다는 소식에 들떠 있었다.

드디어, 오전 10시에 아이들이 1교시를 마치고 유리창을 기웃거렸다. 정문을 통해 들어오는 리키를 좀 더 가까이에서 보고 싶었기 때문이었다.

잠시 후, 검은색 승용차가 정문으로 들어와 학교 교정 앞에 서더니, 검은색 정장에 검은 선글라스를 쓴 리키가 차에서 내렸다.

"오빠, 사랑해요!"

"리키 짱!"

"리키, 당신의 댄스를 보고 싶어요!"

너도나도 창문 밖으로 손수건을 흔들며 리키의 시선을 끌려고 했다. 리키는 자신을 위해 환호하는 여학생들을 향해 소리 없이 V 자를 그리며 유유히 학교 안으로 들어왔다.

그리고 잠시 후 교내 방송 소리가 들렸다.

"오늘 일일 교사 리키 선생님을 초대했으니 모두 강당으로 모이기 바랍니다."

아이들은 좀 더 가까운 자리를 차지하기 위해 강당을 향해 전속력으로 달렸다.

노라쥬 과학 초등학교는 과학 영재들이 모인 곳으로 미래의 과학자를 만들어 내는 요람이었다. 하지만 아이들은 아이들 일 뿐, 아이돌 스타 가수에 열광하는 것은 일반 초등학교와 다를 바 없었다.

아이들은 자신들이 가장 아끼는 물건을 강당으로 들어가는 리키에게 건네주었다. 이른바 선물 공세였다. 그리고 자신의 이름이 적힌 물건을 리키가 사용하기를 바라는 마음이었다.

"만나서 반가워요. 여러분."

리키의 일일 수업이 시작되었다. 리키는 자신의 초등학교 시절의 이야기를 들려주었다. 자신은 음악에만 빠져 살았는데 이곳은 과학에만 빠져 사는 사람들이 모여 있으니, 아이들에게 이 나라의 미래를 위해 훌륭한 과학자가 되어 줄 것을 당부하며 수업을 마쳤다.

열정적인 수업이 끝나고, 리키는 강당을 빠져나와 선생님들과 함께 학교 안을 구경했다. 리키가 처음 들른 곳은 최근 세계 화학 올림피아드에서 우승한 로빈손이라는 소년이 실험에 열중하고 있는 화학 실험실이었다.

리키는 처음 보는 화학 실험 장치들이 너무 신기해서 감탄사만 연발했다. 실험실을 한 바퀴 둘러본 후 리키는 화학 선생님이 타 준 커피를 마셨다. 리키가 실험실을 돌아다니느라 커피는 조금 식어 있었다.

"우욱!"

커피 한 모금을 마신 리키가 비명을 지르며 쓰러졌다. 리키는 급히 구급차로 이송되었고 잠시 후 매키와 주저브 경감이 도착했다.

"어떻게 된 거죠?"

주저브 경감이 현장에 있는 화학 선생에게 물었다.

"제가 타 준 커피를 마시고 쓰러졌어요."

화학 선생은 두려움에 질린 표정으로 말했다.

잠시 후, 과학수사원에서 포이소 용액 1밀리리터가 커피에 섞여 있었다고 연락해 왔다. 포이소 용액은 이 화학 실험실에서 올림피아드 준비를 위해 사용하는 용액으로 1밀리리터만 마셔도 목숨을 잃을 수 있는 위험한 물질이었다.

"포이소 용액을 사용하는 사람은 누구죠?"

매키가 물어보았다.

"접니다."

마침 올림피아드를 준비하는 노그렁이라는 소년이 말했다. 노그렁은 화학 천재이지만 성격이 괴팍해서 항상 혼자 지내고, 특히 연예인을 혐오하고 있었다. 그는 항상 연예인을 좋아하는 아이들을 어리석은 사람들이라고 여기면서 화학 실험에만 빠져 있었다.

매키는 노그렁의 실험 테이블로 갔다. 그리고 포이소 용액이 담긴 병과 그의 실험 일지를 보았다. 그러고는 노그렁에게 물었다.

"오늘 포아소 용액을 사용했나요?"

"오늘은 사용한 적 없어요."

노그렁이 대답했다.

실험 일지에 의하면 어제까지 노그렁이 사용한 포이소 용액은 156밀리리터였다. 포이소 용액이 담긴 병의 밑면은 반지름이 5cm인 원 모양이지만 병의 모양이 위로 갈수록 좁아지기 때문에 사용한 포이소 용액의 부피를 알 수 없었다.

메키는 한참 동안 포이소 용액이 담긴 병을 바라보더니, 병을 거꾸로 뒤집었다. 그러자 용액이 없는 부분의 높이가 2cm가 되었다.

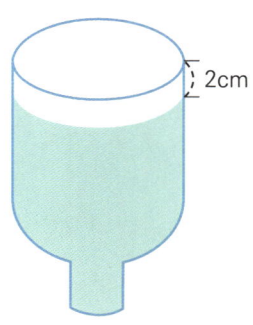

그리고 메키가 노그렁을 노려보며 소리쳤다.

"당신은 오늘 포이소 용액 1밀리리터를 사용했군요. 그걸 리키의 커피에 넣은 건가요?"

노그렁의 얼굴이 새파랗게 질린 표정으로 변했다.

메키는 어떻게 노그렁이 1밀리리터의 포이소 용액을 사용한 것을 알았을까?

수학으로 범인 찾기

어떻게 1밀리미터의 포이소 용액이 사용된 걸 안 거지?

간단해요. 포이소 용액이 처음에는 병에 가득 들어 있었고, 지금은 윗부분이 비어 있으니까 비어 있는 부피만큼 용액이 사용된 거예요.

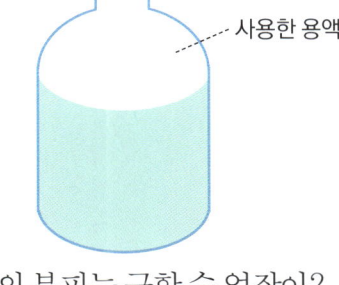

비어 있는 부분의 부피는 구할 수 없잖아?

그래서 뒤집은 거죠. 뒤집혀진 상태에서 빈 부분이 사용한 포이소 용액의 부피예요.

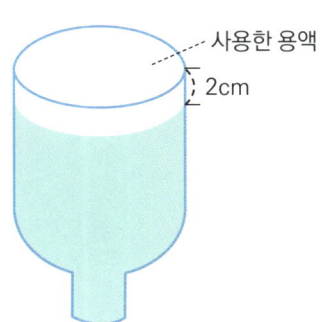

이렇게 병을 뒤집으면 사용한 용액의 부피는 바로 밑면의 반지름이 5cm이고 높이가 2cm인 원기둥의 부피가 되지요. 그러므로 그 부피는 3.14×5×5×2=157(ml)가 되죠. 어제까지 사용된 용액이 156밀리리터라고 했으니까 오늘 1밀리리터가 사용된 거죠. 그게 바로 리키의 커피에 들어간 거예요.

완벽해!

변형된 입체 도형의 부피와 겉넓이

다음 그림은 밑면의 가로가 14cm이고 세로가 10cm인 직육면체에서 부피가 148㎤인 작은 직육면체를 잘라낸 것이에요. 이 입체 도형의 겉넓이가 856㎠일 때 이 입체 도형의 부피를 구해 보죠.

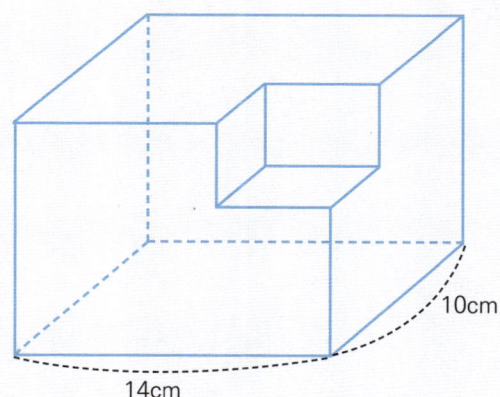

입체 도형의 겉넓이는 직육면체 부분을 잘라내도 달라지지 않아요.

다음 그림을 보면 왜 겉넓이가 달라지지 않는지 알기 쉬워요.

표시된 부분을 보면 각각의 넓이가 같은 걸 알 수 있어요.

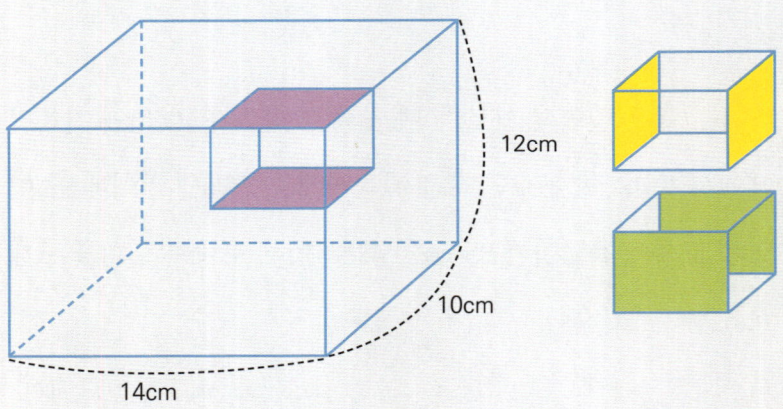

그러므로 큰 직육면체의 높이를 x라고 하면 높이는 12cm가 되지요.

$$14 \times 10 \times 2 + (14+10+14+10) \times x = 856$$

$$280 + 48 + x = 856$$

$$48 \times x = 576$$

$$x = 12$$

구한 높이가 12cm이니까 다음과 같은 식이 성립하지요.

큰 직육면체의 부피-148=구하려는 부피

$$14 \times 10 \times 12 - 148 = 1,532 (㎤)$$

따라서 구하고자 하는 입체 도형의 부피는 1,532(㎤)입니다.

입체 도형의 부피를 구해 봐요!

13장

사라진 보물
-입체 도형의 겉넓이

로고스 시의 인근에는 아주 오래된 유적들이 많은 폼페스 시가 있다. 폼페스 시에는 기원전 시대의 고대 유적이 많이 있는데, 그중에서도 관광객에게 가장 인기 있는 것은 '썰렁 미소의 여인'이라는 조각상이다. 기원전 10세기 무렵에 만들어진 이 동상은 크기는 1.5m 정도로 작지만 여인의 미소가 썰렁함의 극치를 보여 주기 때문에 보는 사람들의 탄성을 자아내게 했다. 많은 관광객들이 이것을 보기 위해 폼페스 시로 몰려들었다.

폼페스 시는 이 보물을 도난당하지 않으려고 동상이 있는 곳을 중심으로 하여 반지름이 100m인 원 안에 울타리를 치고 그 안에는 고운 점토를 깔아 두었다. 그러니까 누구든 원 안으로 들어오면 자신의 발자국이 남게 되어 붙잡힐 수밖에 없었다. 그리고 원 밖에는 여러 개의 고배율 망원경을 설치하여, 관광객은 망원경을 통해 '썰렁 여인의 미소'를 감상할 수 있었다.

그러던 어느 날 동상을 관리하는 폼페스 관광청에 한 통의 편지가 날아왔다.

오늘 새벽 동상을 가지고 간다. NP

"누가 이런 장난을 하는 거야? 원 안으로 들어오는 순간 발자국이 남게 된다고, 이 나라 사람들은 모두 족적을 등록하게 되어 있으니까, 족적을 촬영하면 누군지 알 수 있단 말이야."

관광청 직원은 혼잣말로 이렇게 중얼거리고는 편지를 대수롭지 않게 생각했다.

다음 날 아침, '썰렁 여인의 미소'는 흔적도 없이 사라졌다. 그 소식을 들은 주저브 경감과 매키는 서둘러 현장으로 갔다. 그리고 관광청 직원에게 온 편지에 적힌 'NP'라는 이니셜을 통해 범인이 누팡임을 알게 되었다.

"아저씨, 족적이 하나도 없어요."

매키가 바닥을 바라보며 말했다.

"그럼 누팡이 100m를 날아서 갔단 말이야? 바닥이 고운 점토로 되어 있어서 족적이 남아야 하는데…….."

그때 현장에서 무언가를 찾아다니던 매키는 끊어진 휴지 조각을 발견하고는 소리쳤다.

"바로 이거네요. 누팡은 휴지를 사용했어요!"

누팡은 어떻게 휴지를 이용하여, 족적을 남기지 않고 '썰링 여인의 미소'를 훔쳐 갔을까?

수학으로 범인 찾기

🧓 휴지와 족적은 어떤 관계가 있지?

🧑 누팡은 두루마리 휴지를 풀어서 동상까지 깔아 놓은 다음에 그 위를 밟고 동상을 훔쳐간 거예요.

🧓 그 작은 휴지의 길이가 100m나 되나?

🧑 물론이지요. 우리가 사용하는 휴지는 두께가 0.1mm예요. 자, 두루마리 휴지를 보세요.

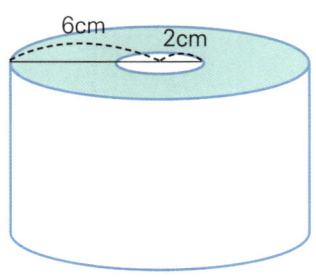

🧑 바깥쪽 반지름이 6cm이고 안쪽 반지름이 2cm이지요. 그럼 밑면의 넓이가 휴지를 펼쳐 다음과 같이 세웠을 때 밑면의 넓이가 되는 거죠.

🧑‍🦱 두루마리 휴지에서 밑면의 넓이는 큰 원의 넓이에서 작은 원의 넓이를 뺀 만큼인 원 고리 모양의 넓이예요.

$$3.14 \times 6 \times 6 - 3.14 \times 2 \times 2$$
$$= 113.04 - 12.56$$
$$= 100.48 (cm^2)$$

100.48(cm²)을 반올림하여 이 넓이를 100(cm²)라고 하죠. 이때 휴지를 펼친 길이를 x라고 하고 구해 볼게요.

$$0.01 \times x = 100$$
$$x = 10,000$$

$x = 10,000$cm, 즉 100m가 되죠.

👴 정말 대단하군. 그 작은 휴지를 풀어 100m의 길을 만들 수 있다니 말이야.

정다면체의 종류

정사면체나 정육면체처럼 모든 면이 같은 꼴의 정다각형으로 이루어진 입체 도형을 정다면체라고 합니다. 그럼 정다면체는 몇 종류가 있을까요? 네 개의 똑같은 정삼각형을 붙여 정사면체를 만들 수 있습니다.

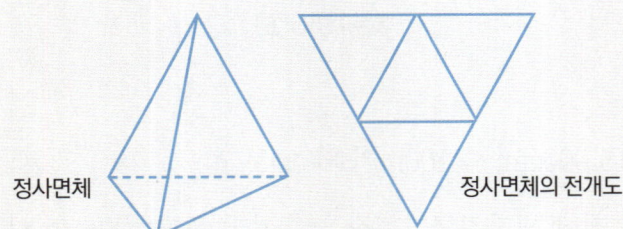

정사면체   정사면체의 전개도

네 개의 면이 모두 똑같은 정삼각형으로 이루어져 있죠? 오른쪽 그림은 이 도형의 전개도입니다. 이렇게 모든 면이 합동인 정다각형으로 이루어진 입체 도형을 정다면체라고 부릅니다. 이 경우는 4개의 면이 만들어지므로 정사면체가 되지요.

정삼각형의 한 내각의 크기는 $60°$이므로 꼭짓점에 세 개의 정삼각형이 모여 있으므로, 한 꼭짓점에 모인 모든 삼각형의 내각의 합은 $3 \times 60° = 180°$가 됩니다.

이제 어떤 정다면체들이 가능한지를 알아볼까요? 우선 입체 도형이 만들어지기 위해서는 세 개 이상의 면이 한 점에 모여야 합니다.

다음으로 정삼각형으로 이루어진 정다면체는 어떤 것들이 있는지를 알아봅시다. 정삼각형의 한 내각의 크기는 $60°$이지요. 정삼각형이 한 점에 3개 모이면

$$3 \times 60° = 180° < 360°$$

이므로 한 점에 정삼각형이 세 개 모인 정다면체가 만들어집니다. 이것이 바로 정사면체이지요.

한 점에 정삼각형이 네 개 모이면

$$4 \times 60° = 240° < 360°$$

이므로 한 점에 정삼각형이 네 개 모인 정다면체가 만들어집니다. 이것이 바로 정팔면체이지요.

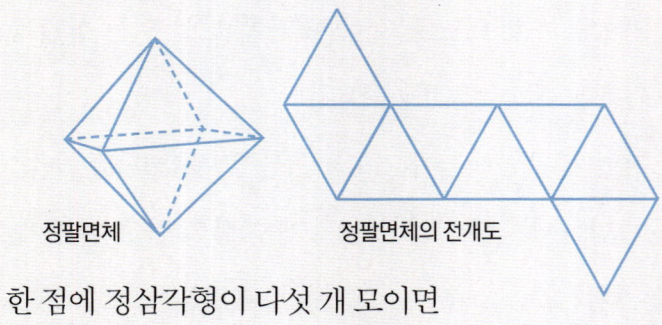

정팔면체 　　　　　　정팔면체의 전개도

한 점에 정삼각형이 다섯 개 모이면

$$5 \times 60° = 300° < 360°$$

이므로 한 점에 정삼각형이 다섯 개 모인 정다면체가 만들어집니다. 이것이 바로 정이십면체이지요.

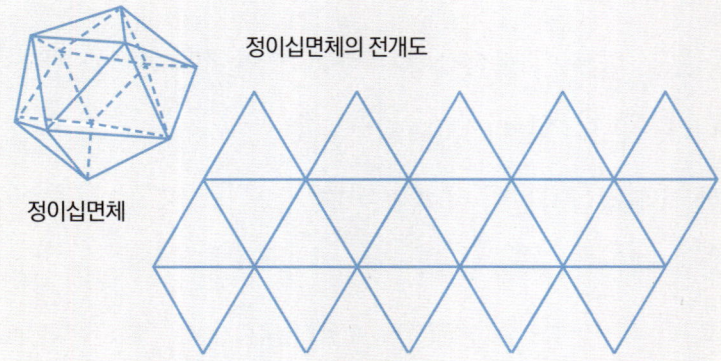

정이십면체의 전개도

정이십면체

그럼 한 점에 정삼각형이 6개 모인 정다면체는 있을까요? 그때는 $6 \times 60° = 360°$가 되니까 정다면체가 만들어지지 않습니다. 같은 이유로 한 점에 정삼각형이 7개 이상 모인 정다면체는 없습니다. 그러므로 하나의 면이 정삼각형인 정다면체는 세 종류입니다.

이번에는 한 면의 모양이 정사각형인 정다면체에 대해 알아보죠. 정사각형의 한 내각의 크기는 $90°$입니다. 한 점에 정사각형이 세 개 모이면

$$3 \times 90° = 270° < 360°$$

이므로 한 점에 정사각형이 세 개 모인 정다면체가 만들어집니다. 이것이 바로 정육면체입니다.

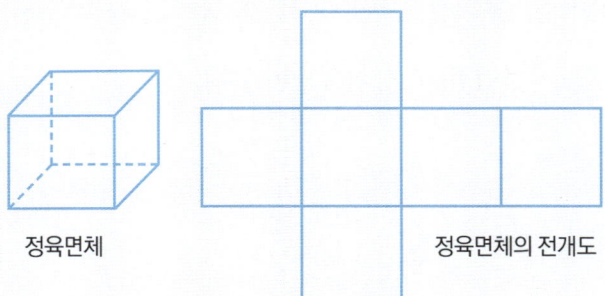

정육면체　　　　　　　정육면체의 전개도

다음으로 한 점에 정사각형이 네 개 모이면

$$4 \times 90° = 360°$$

가 되므로 이런 입체 도형은 만들어지지 않습니다. 그러므로 정사각형으로 만들 수 있는 입체 도형은 정육면체 하나뿐입니다.

이번에는 정오각형으로 만들 수 있는 정다면체에 대해 알아봅시다. 정오각형의 한 내각의 크기는 $108°$입니다. 그러므로 한 점에 정오각형 세 개가 모이면

$$3 \times 108° = 324° < 360°$$

가 되어 한 점에 정오각형이 세 개 모이는 정다면체가 만들어집니다. 이것이 바로 정십이면체이지요.

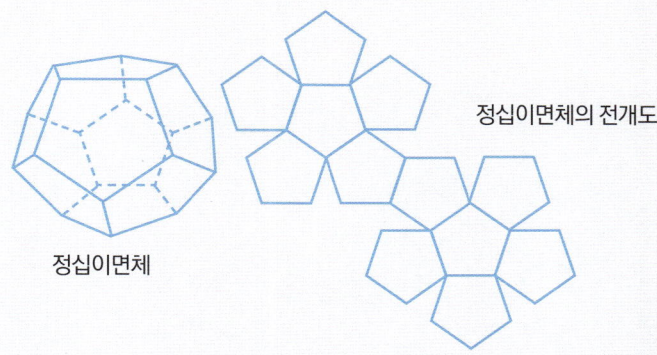

정십이면체

정십이면체의 전개도

하지만 정오각형이 한 점에 네 개 모이면 $4 \times 108° = 432°$가 되어 $360°$보다 커지므로 이런 입체 도형은 만들어지지 않습니다. 그러므로 정오각형으로 만들 수 있는 정다면체는 정십이면체 하나뿐입니다.

그럼 정육각형으로 만들 수 있는 정다면체는 있을까요? 정육각형의 한 내각의 크기는 $120°$입니다. 그러므로 한 점에 정육면체 세 개가 모이면 $3 \times 120° = 360°$가 되어 입체 도형이 만들어지지 않습니다. 그러므로 한 면이 정육면체인 정다면체는 없습니다. 정칠각형, 정팔각형…은 한 내각의 크기가 $120°$보다 커지므로 이런 도형들이 한 점에 세 개 모이면 각이 $360°$보다 커져서 입체 도형을 만들 수 없습니다. 그러므로 정다면체는 지금까지 구한 다섯 개뿐입니다.

탐구노트 쓰기

# 탐구노트를 잘 쓰는 법!

많은 학교와 학원에서 탐구노트의 중요성에 대해 말합니다. 그러나 탐구노트는 반드시 오답노트와 정리노트와는 달라야 합니다. 소크라테스와의 대화를 통해 자신의 오류를 깨닫고 새로운 질문을 만들어내서 생각과 지식의 폭을 넓히듯이, 우리도 책을 통해 알게 된 지식들을 선생님과의 대화를 통해 수정하고 자신만의 지식을 확장할 수 있는 문제를 만들어 탐구하는 장, 그것이 바로 수학탐구노트입니다.

탐구노트는 책을 읽고 스스로 탐구주제를 정하고 탐구하기 위해 쓰는 것인데, 탐구노트를 어느 정도 잘 쓰기 위해서는 2년 정도 주제탐구를 하는 연습이 필요합니다. 여러분이 책을 읽고 자신의 생각을 글로 표현하기 위해서는, 특히 그것이 논리적 글쓰기라면 더욱더 연습이 필요합니다.

탐구노트를 잘 쓰기 위해서는 주제에 맞는 탐구노트를 쓰는 것이 중요합니다. 어린이 여러분은 글을 쓸 때, 자신의 생각을 적는 것을 좋아해서 "이럴 것 같다"라는 말로 마무리 짓는 경향이 있습니다.

그러나 탐구노트는 탐구주제에 대한 자신의 생각을 자료조사, 검증, 증명 등의 수단을 통해 결과를 정리하는 것이 더 중요합니다. 어린이들의 호기심은 무한하지만, 그 호기심이 단순히 '이럴 것 같다', '왜 그렇지?'라는 생각으로만 끝난다면 의미가 없기 때문입니다. 그리고 이런 과정은 혼자서 여러 번 쓰는 것보다 잘 쓰여진 친구들의 탐구노트를 읽어보거나 선생님의 피드백을 통해 성장하는 과정이 필요합니다.

버려야 할 생각

① 탐구노트에 그날 배운 수학 내용이나 수학동화를 읽고 느낀 점, 기억하는 내용을 정리해야 한다는 생각은 버립니다.
② 꼭 답을 내야 한다는 생각은 버립니다.
③ 꼭 푼 문제의 답을 맞혀야 한다는 생각은 버립니다.
④ 보통의 탐구노트처럼 한두 쪽만 써야 한다는 생각은 버립니다.

가져야 할 생각

① 오늘 배운 내용이 반드시 그렇지 않다면, 다른 방법은 없을

까?

② 오늘 배운 내용이 이렇다면, 그 다음에 이것보다 한 차원 높은 단계는 뭘까?

③ 책에서 이런 글의 내용을 읽었는데, 왜 그렇게 되지?

④ 오늘 배운 내용에 의하면 이런데, 이것을 다른 문제를 풀 때도 적용할 수 있을까?

⑤ 이런 수학적 원리와 개념은 우리 일상생활에서 뭐가 있지?

탐구노트에 쓰지 말아야 하는 용어

① 다음에 꼭 알아봐야겠다. → 오늘 알아봅시다.

② 이러이러한 것들이 궁금하다.

　→ 그런 궁금한 것들을 연구하는 것이 탐구노트입니다.

③ 어려웠다, 쉬웠다, 힘들었다, 보람되었다 등의 감정을 담은 내용

　→ "이것으로 오늘 탐구를 마무리한다"로 끝을 맺어 봅시다.

④ 선생님께 여쭤봐야겠다.

　→ 스스로 찾아보고 정리한 후 선생님께 확인을 부탁드리면 어떨까요? 세상을 바꾼 수학자들은 항상 스스로 탐구하기를 좋아했습니다.

이제까지 읽은 이야기가 재미있었나요? 이 책에 나오는 문제들을 풀려면 수학적으로 사고해야 합니다. 다음의 질문들을 곰곰이 생각해 보며 탐구노트를 써 보세요.

1. 사각형의 개수에 대해 탐구해 봅시다.

(1) 사각형의 개수를 하나하나 세어 구하는 방법과 식을 세워 구하는 방법의 차이에 대해 정리하고, 두 방법에 대한 자신의 생각을 적어 봅시다.

(2) 경우의 수를 이용한 사각형의 개수를 구하는 방법을 정리해 봅시다.

(3) 스스로 격자 도형을 만들고 그 안에 들어 있는 사각형의 개수를 구해 봅시다.

(4) 다음과 같은 모양에서 사각형의 개수를 찾을 경우, 문제가 되는 점은 무엇이며, 그 문제를 어떻게 해결해야 할지 생각해 봅시다.

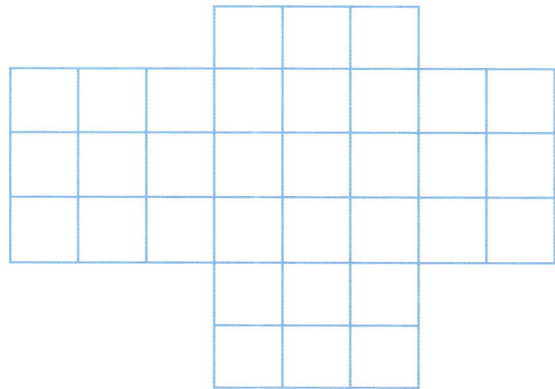

2. 정육면체의 전개도에 대해 탐구해 봅시다.

(1) 정사각형 3개로 만드는 테트로미노의 종류를 모두 그려 봅시다.

(2) 정사각형 4개를 붙여서 만들 수 있는 모든 모양(펜토미노)의 개수를 찾아봅시다.

(3) 정사각형 5개를 붙여서 만들 수 있는 모든 모양(헥소미노)의 개수를 찾아봅시다.

3. 최단 거리에 대해 탐구해 봅시다.

(1) 최단 거리가 무엇인지 정리해 봅시다.

(2) 승우네와 혜현이네와 모두 가깝게 도로 위에 학원을 세우려

면 ①~⑤ 중 어디에 세워야 할까요?

(3) 학원(브레노스)을 원장 선생님네와 혜현이네와 가깝게 세우려면 ①~④ 중 어디에 세워야 할까요?

(4) 아래 그림에서 학교에서 출발하여 게임방에 갔다가 분식집에 들러 집으로 가는 최단 거리를 작도해 보세요.

4. 두루마리 화장지의 길이에 대해 탐구해 봅시다.

(1) 사용 중인 화장지의 길이를 계산하여 알아봅시다.(계산 방법과 과정을 자세히 적어 보세요.)

(2) 실제 화장지의 길이를 재서 비교해 봅시다.

1. 사각형의 개수에 대해 탐구해 봅시다.

풀이:

$(5 \times 4 \div 2) \times (11 \times 10 \div 2)$
$= 5 \times 2 \times 11 \times 5$
$= 10 \times 55$
$= 550$

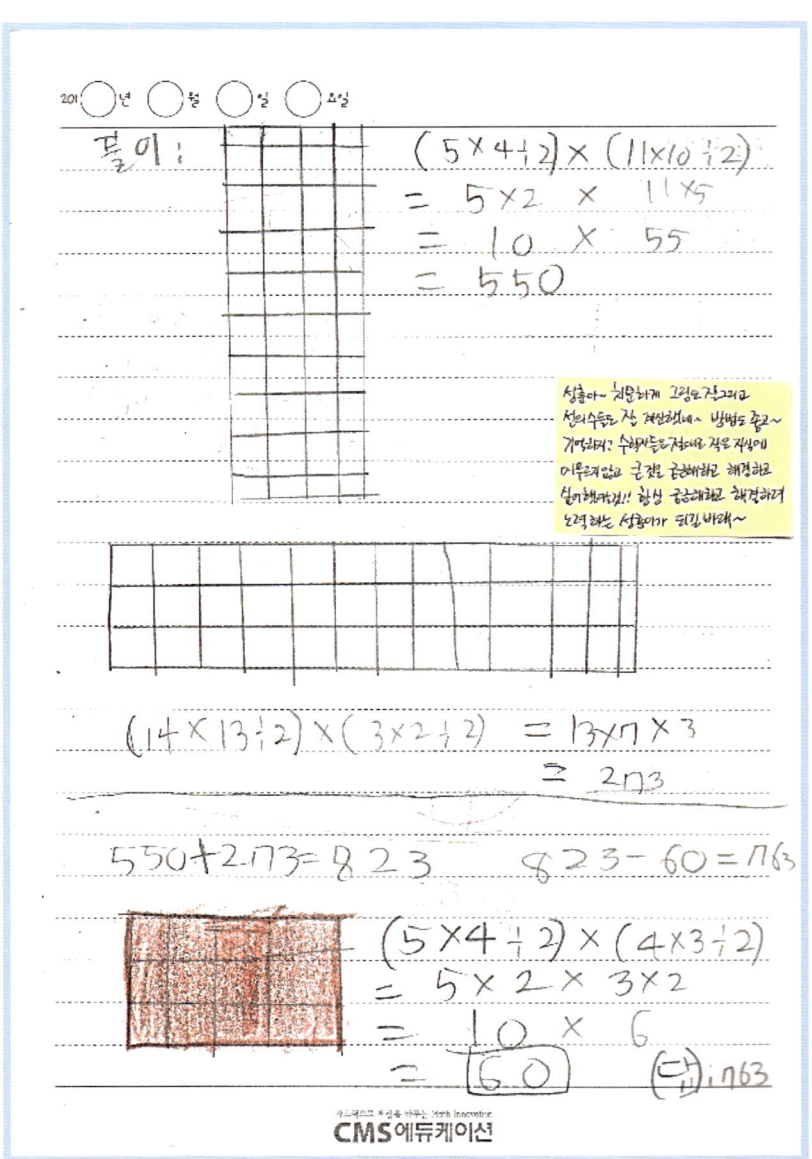

$(14 \times 13 \div 2) \times (3 \times 2 \div 2) = 13 \times 7 \times 3$
$= 273$

$550 + 273 = 823$ $823 - 60 = 763$

$(5 \times 4 \div 2) \times (4 \times 3 \div 2)$
$= 5 \times 2 \times 3 \times 2$
$= 10 \times 6$
$= \boxed{60}$ (답) 763

⑤ 문제 !

1) 크고 작은 사각형의 개수를 구하여라.

풀이:
$(7 \times 6 \div 2) \times (9 \times 8 \div 2)$
$= 7 \times 3 \times 9 \times 4$
$= 21 \times 36$
$= 756$

(답): 756개

1) 크고작은 사각형의 개수를 구하여라.

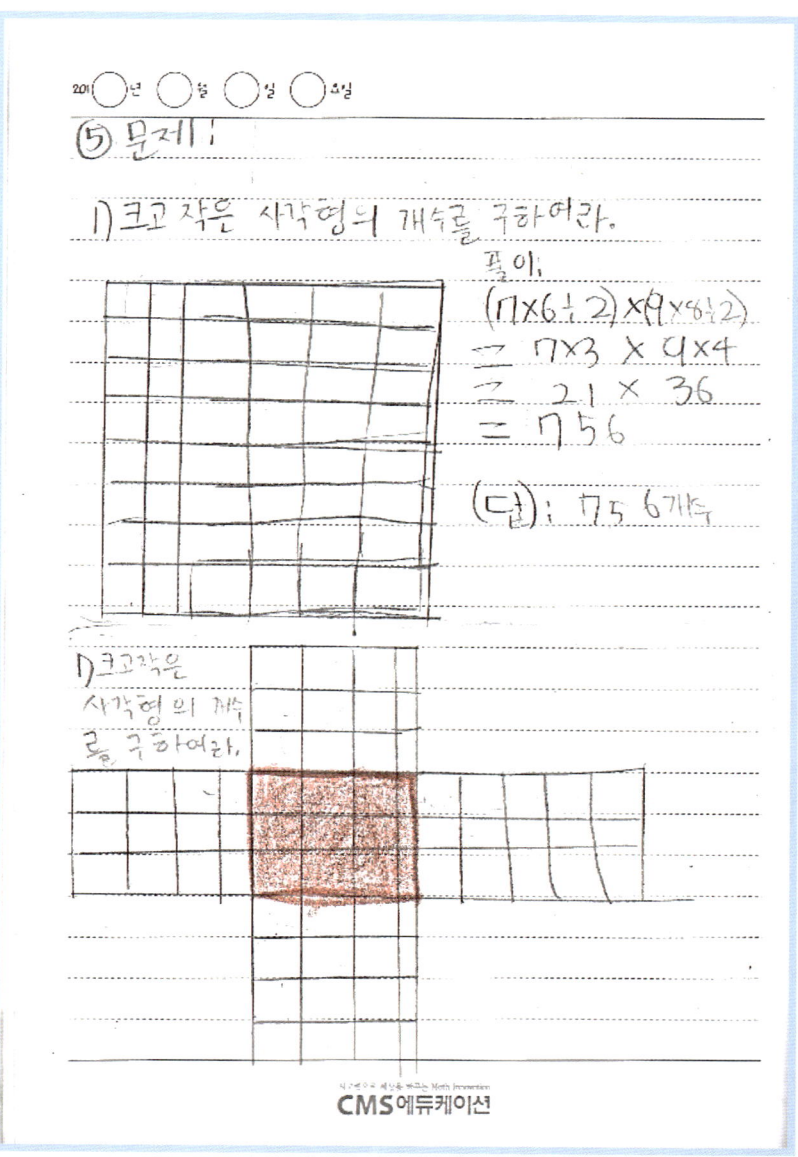

1) 1번, 2번, 3번, 4번 중에서 대표 2명을 뽑는다고 해보자. 모두 몇 가지 일까?

이 문제에서는 대표 뽑기이다. A자리 B자리 같은 것이 아니라 그냥 뽑기이다. 그러므로 1번, 2번과 2번, 1번은 같다.

1번, 2번 ⎤
1번, 3번 ⎬ 3
1번, 4번 ⎦
2번, 3번 ⎤
2번, 4번 ⎦ 2
3번, 4번   1

3+2+1=6

(답) : 6가지

2) 1번, 2번, 3번, 4번 중에서 반장과 부반장을 뽑는다고 한다. 모두 몇 가지일까?
※ 이 문제는 1번, 2번과 2번, 1번이 다르다.

6개 ⎧ 1번, 2번 — 2번, 1번
    ⎨ 1번, 3번 — 3번, 1번   6×2=12
    ⎩ 1번, 4번 — 4번, 1번

(답) : 12가지

next page!

〈사각형 개수에 대한 연구〉

① 수업시간의 느낌: 써서 찾는 방법 말고 이 색다른 방법이 있었다니! 정말 간편하다!

② 연구 목표: 십자가 사각형과 그냥 사각형 개수를 간편하게 구한다.

③ 연구: 일단, 방법부터 단단히 쌓기! 예를 들어 모양이 [그림] 이런 셈부터 센다. 더 자세히 들어가 볼까?

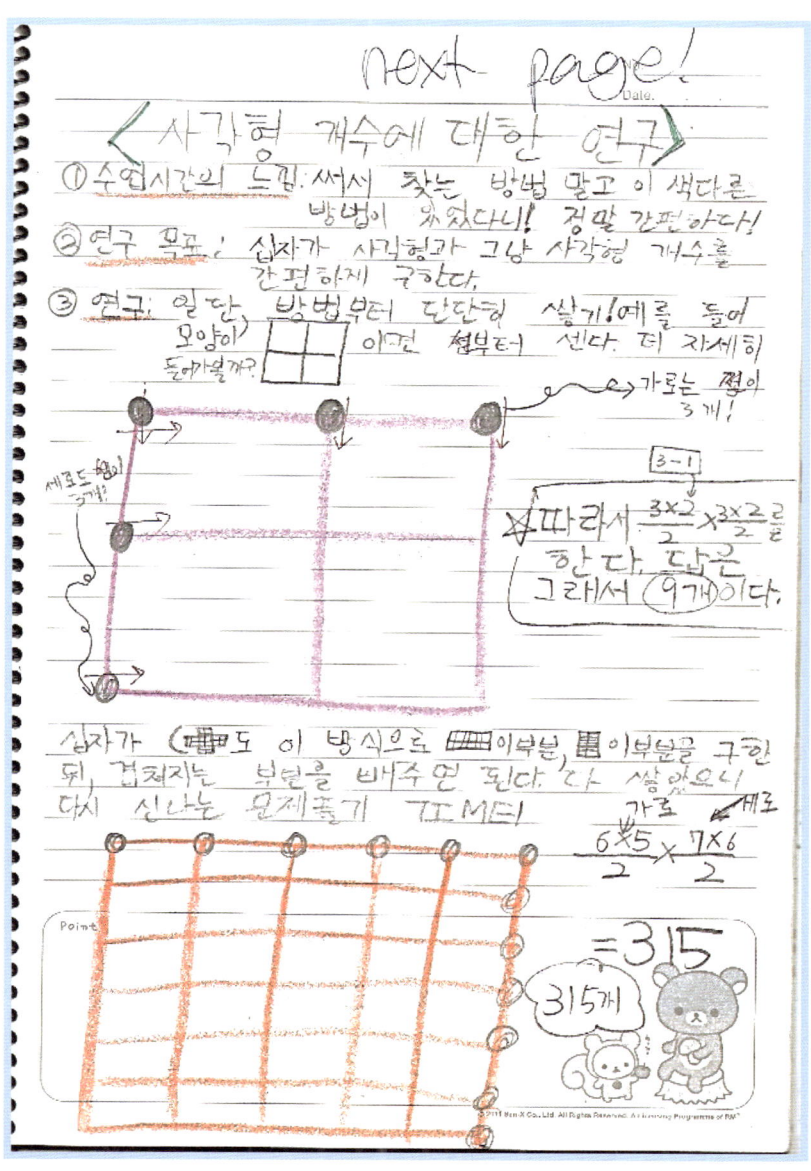

가로는 점이 3개!
세로도 점이 3개!

3-1

★따라서 $\frac{3\times 2}{2} \times \frac{3\times 2}{2}$ 로 한다. 답은 그래서 ⑨개 이다.

십자가 ([그림]도 이 방식으로 [그림] 이부분, [그림] 이부분을 구한 뒤, 겹쳐지는 부분을 빼주면 된다. 가 쉬웠으니 다시 신나는 문제풀기 TIME!

가로 세로
$\frac{6\times 5}{2} \times \frac{7\times 6}{2}$

= 315

315개

Point

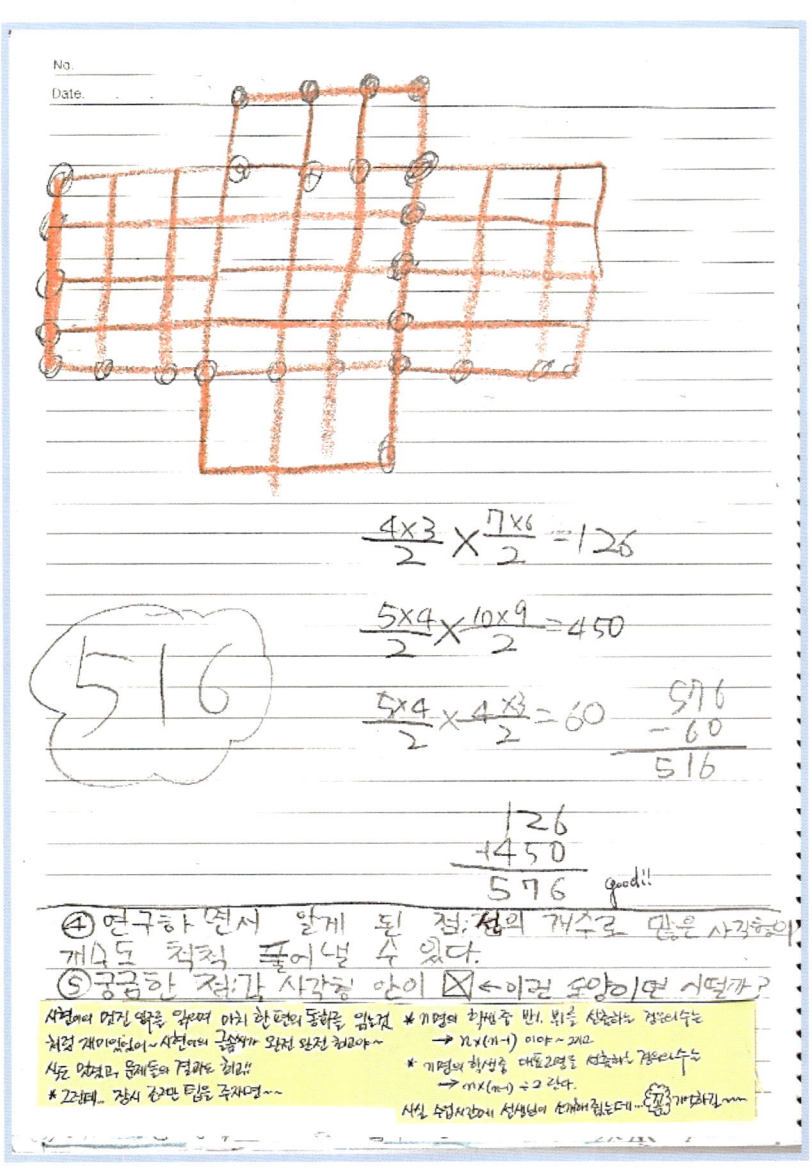

$$\frac{4 \times 3}{2} \times \frac{7 \times 6}{2} = 126$$

$$\frac{5 \times 4}{2} \times \frac{10 \times 9}{2} = 450$$

$$\boxed{516}$$

$$\frac{5 \times 4}{2} \times \frac{4 \times 3}{2} = 60 \qquad \begin{array}{r} 576 \\ -\ 60 \\ \hline 516 \end{array}$$

$$\begin{array}{r} 126 \\ +450 \\ \hline 576 \end{array} \text{ good!!}$$

④ 연구하면서 알게 된 점: 섬의 개수로 많은 사각형의 개수도 척척 풀어낼 수 있다.
⑤ 궁금한 점: 각 사각형 안이 ⊠←이런 모양이면 어떨까?

시현이의 멋진 연구를 엿보며 마치 한편의 동화를 읽는것 처럼 재미있었어~ 시현이의 글솜씨가 완전 완전 최고야~ 시도 있었고, 문제들의 경과도 최고!!
* 2번테... 장시 선민 팁을 주자면~~

* n명의 학생 중 반1, 부1을 선출하는 경우의 수는
→ n×(n-1) 이야~ 그치?
* n명의 학생을 대표2명을 선출하는 경우의 수
→ n×(n-1) ÷ 2 란다.
시험 수업시간에 선생님이 소개해줄건데... 꿈꾸 개미라킹

 사각형의 개수를 하나하나 세니까 너무 오래 걸렸지? 경우의 수를 이용해 사각형의 개수를 구하면 될 거야. 먼저, 가로 두 줄, 세로 두 줄이 있으면 사각형이 만들어지겠지?

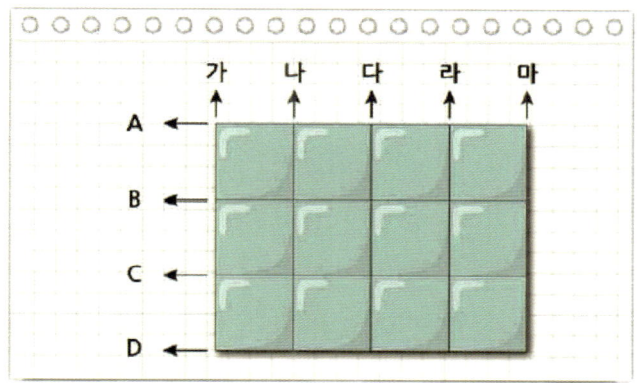

세로줄은 5줄 중에서 2줄을 선택해야 하니까 $\frac{5 \times 4}{2}$이고, 가로줄은 4줄 중에서 2줄을 선택해야 하니까 $\frac{4 \times 3}{2}$이야. 이제 사각형은 가로와 세로가 동시에 만나야 만들어지니까 두 계산 결과를 곱하면 모두 해결되지. 10×6=60, 이 도형에는 60개의 사각형이 있어. 이제 원리를 알겠지?

그리고 마지막 문제도 잘 해결했구나.

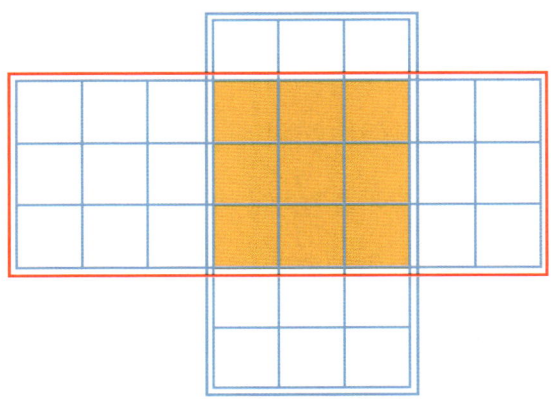

이 그림에는 겹쳐지는 사각형들이 있어. 만약 우리가 빨간색, 하늘색 사각형 속의 작은 사각형의 개수를 각각 구해서 더한다면 주황색이 칠해진 부분에 있는 사각형이 두 번 포함되어서 계산될 거야. 그래서 네가 구한 것과 같이 빨간색과 하늘색 사각형 안의 사각형의 수를 각각 구해서 더하고, 최종적으로 가운데에 있는 주황색 부분에 포함된 사각형의 개수를 빼야 해.

$(\frac{9\times8}{2}\times\frac{4\times3}{2})+(\frac{4\times3}{2}\times\frac{7\times6}{2})-(\frac{4\times3}{2}\times\frac{4\times3}{2})$

216+126-36

=306

이 문제는 마치 도형 문제 같아 보이지만, 경우의 수로 해결해야 하는 문제였어. 요즘 수학은 여러 영역을 넘나들며 융합적 사고를 요구하고 있어. 어때? 도전할 만했지?
그럼 항상 도전을 즐거워하는 어린이로 성장하길 바랄게.

함께 풀어 봐요!

2. 정육면체의 전개도에 대해 탐구해 봅시다.

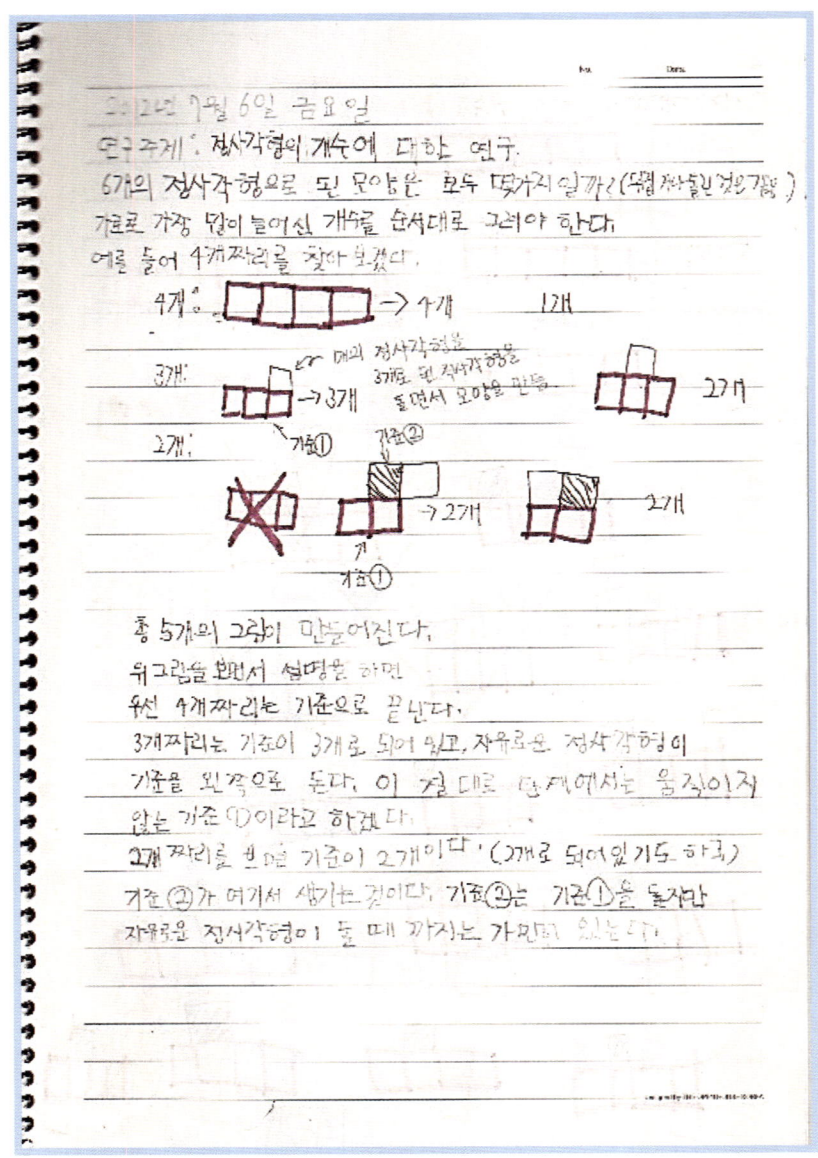

3개짜리!

(참 실수도 많이 했너

214

정사각형 4개로 만들어지는 모양을 모두 찾기 위해서는 먼저, 정사각형이 3개인 경우를 찾아서 이 모양에 정사각형을 하나씩 붙여 나가야 해. 그럼 가장 먼저 정사각형 3개로 만들어지는 모양을 찾아볼게. 이건 쉽게 찾을 수 있을 거야.

① **정사각형이 3개인 경우**

이렇게 두 가지 경우가 있어. 첫 번째 경우를 A, 두 번째 경우를 B라고 할게.

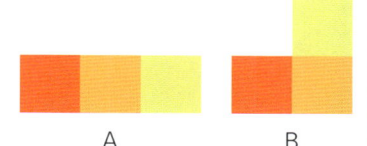

② **정사각형이 4개인 경우**

A에서 파생된 세 가지와 (이 모양을 앞에서부터 가, 나, 다라고 할게.)

B에서 파생된 두 가지 경우(이 모양도 앞에서부터 가, 나)가 있어.

③ 정사각형의 5개인 경우

A가에서 파생된 두 가지 경우

A나에서 파생된 네 가지 경우

A다에서 파생된 한 가지 경우

B가에서 파생된 한 가지 경우

가장 낮은 단계를 정하고 하나씩 붙여 나가니까 훨씬 쉽게 서로 다른 모양이 만들어지지?

어때? 네가 찾은 모양과 선생님이 찾은 모양이 같으니? 꼭 기억해야 하는 것은 이런 도형 문제는 순서대로 나열하지 않으면 중복되고, 빠뜨리는 일이 발생하니 순서 있게 나열하기 바란다.

도형 문제는 순서대로 나열하는 게 중요해!

3. 최단 거리에 대해 탐구해 봅시다.

[학생 노트 필기 - Angry Birds 노트, No.4]

최단 거리에 대한 연구

나는 최단거리를 구하는 방법에 대해서 배웠다. 그런데 최단거리는 수직으로 선을 긋고 재고 ... ... 해서 조금 어렵기도 했다. 그래도 다 하면 항상 뿌듯하다.

내용정리 주제연구 연구정리

1. 최단거리는 (1) 과 같은 길에서 혜현이와 승우가 둘 다 가장 가까운 곳에 브레노스를 세우려할 때 1~5중 어디에 세울지 구하는 것이 문제라면 선대칭이동을 하여 그리면 3번에 세우는 것이 가장 가깝다.

(1) ① ② ③ ④ ⑤

문제1. 승우네 와 혜현이네 모두 가깝게

① 도로 위에 학원을 세울때 ①~5 중 어디에 세워야 합니까?

힌트(답)

문제 2

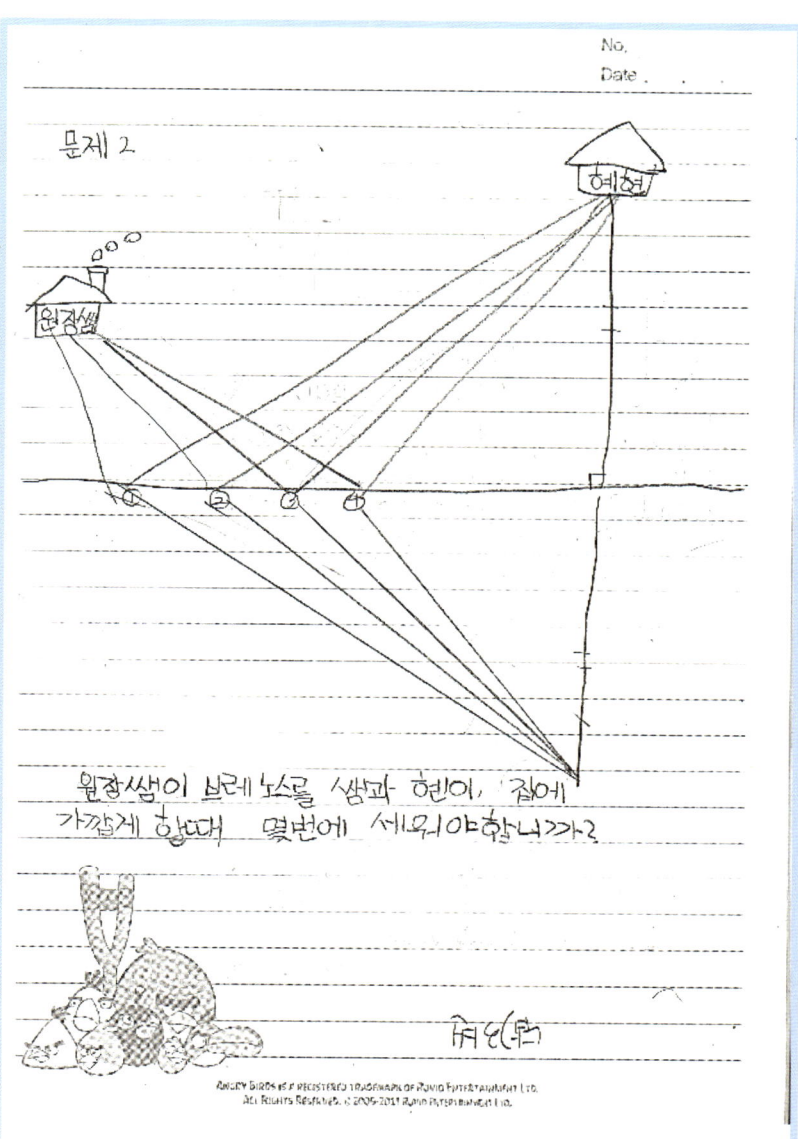

원장쌤이 브레노스를 쌤과 현이, 집에 가깝게 할때 몇번에 세워야합니까?

선생님의 한마디

도형의 합동을 이용해 가장 짧은 거리로 이동하는 경로를 찾을 수 있다니, 정말 수학으로 해결하지 못하는 게 없는 것 같지?

그런데 최단 거리를 구하는 건 어땠어? 조금 어려웠지? 실제로 우리가 생활 속에서 접하는 최단 거리는 단순히 한 방향에서만 구할 수는 없어서 다음과 같이 실제로 벌어질 만한 상황을 만들어 봤어.

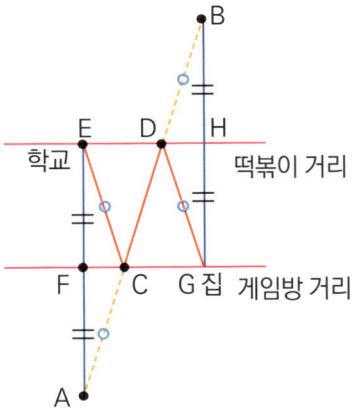

학교를 게임방 거리에 대칭 이동한 점A와 집을 떡볶이 거리에 대칭 이동한 점B를 이은 선이 최단 거리가 된단다. 왜 그럴까? 우리가 책을 통해 배웠듯이 합동인 삼각형이 있어서 그래.

△CEF와 △CAF가 합동이고, △DGH와 △DBH가 합동이야. 이제 합동인 삼각형의 대응변의 길이가 같다는 성질을 이용하면 선분AC를 선분EC로 옮기고, 선분BD를 선분 DG로 옮길 수 있어. 우리가 찾는 학교에서 집까지의 최단 거리가 E-C-D-G라는 걸 알 수 있지! 정말 신기하지? 이렇게 하나를 학습하면 그걸 이용해서 해결할 수 있는 것들이 많아진 단다. 그래서 우리는 항상 새롭게 배우는 많은 것들에 호기심을 갖고 탐구해야 한단다.

도형의 합동을 이용해 최단 거리를 찾을 수 있어!

4. 두루마리 화장지의 길이에 대해 탐구해 봅시다.

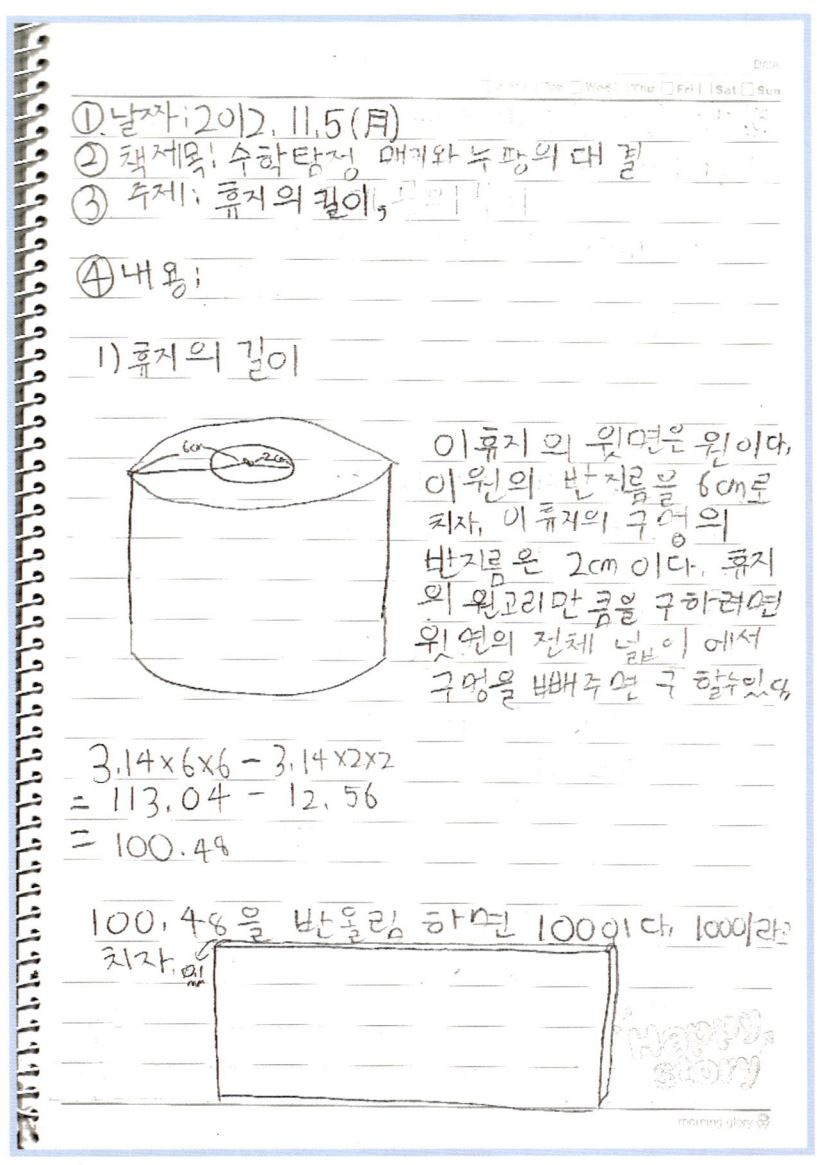

① 날짜: 2017. 11. 5 (月)
② 책제목: 수학탐정 매지와 뇌짱의 대결
③ 주제: 휴지의 길이, 넓이

④ 내용:

1) 휴지의 길이

이 휴지의 윗면은 원이다. 이 원의 반지름을 6cm로 치자. 이 휴지의 구멍의 반지름은 2cm이다. 휴지의 윗고리만큼을 구하려면 윗면의 전체 넓이에서 구멍을 빼주면 구할수있다.

$3.14 \times 6 \times 6 - 3.14 \times 2 \times 2$
$= 113.04 - 12.56$
$= 100.48$

100.48을 반올림 하면 100이다. 100이라 치자.

휴지를 펼치면 휴지의 두께는 0.1mm 이다. 그러므로 0.01cm 이다.

$$0.01cm \times \square = 100cm^2$$

$$\square = 10000cm = 100m$$

휴지의 길이는 100m 이다.

⑤ 문제: 휴지의 윗넓이와 반지름이 3cm 라고 하면 휴지의 길이는 얼마인가?

$$3.14 \times 3 \times 3 - 3.14 \times 2 \times 2$$
$$28.26 - 12.56 = 15.7$$

$$0.01 \times \square = 15 cm^2$$
$$\square = 1500 cm = 15m$$

답: 15m

⑥ 느낌: 반지름이 6cm 인 휴지가 100m 나 된다니! 그 작은 휴지가 그렇게 길 줄은 몰랐다. 6cm 에 3cm 중에서 6cm가 3cm의 두배가 되어야하는 데 4배가 되버리는 것이 신기하다.

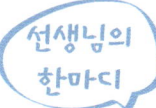

우리가 매일 사용하는 두루마리 화장지의 길이를 직접 다 풀어 보지 않고도 그 길이를 구할 수 있다니 너무 신기하지? 이게 바로 수학의 힘이야. 일일이 알아보지 않아도 논리적으로 해결할 수 있는 것은 세상에 수학과 과학밖에 없을 거야.

두루마리 화장지의 길이는 화장지의 단면의 넓이를 알면 알 수 있어.

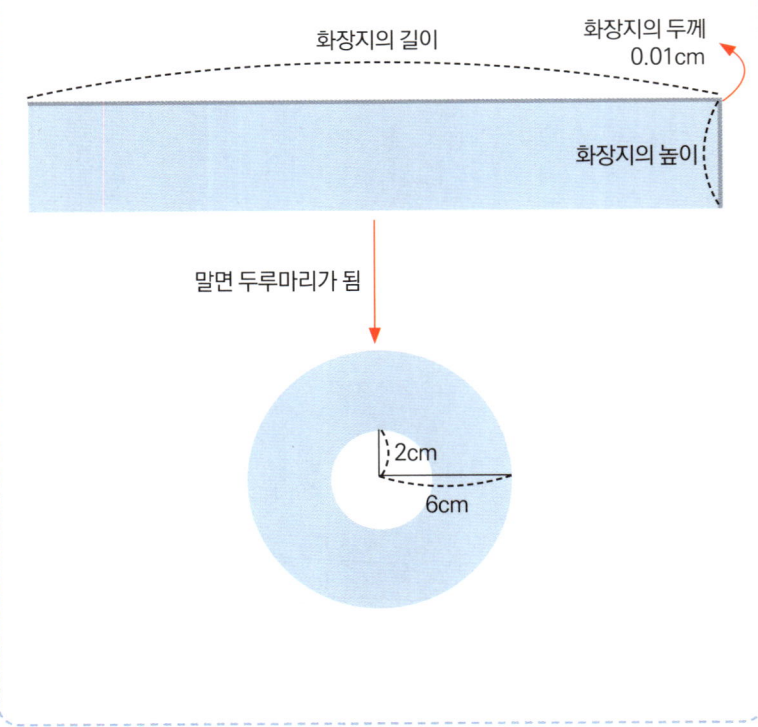

위쪽의 펼쳐진 화장지를 돌돌 말고 위에서 보면 아래쪽의 모양이 될 거야.

그리고 화장지의 두께×화장지의 길이=위에서 보는 화장지의 단면의 넓이가 돼.

이제 0.01×화장지의 길이=6×6×3.14-2×2×3.14를 구하면 되겠지? 물론 우리의 탐구주제는 연산 연습이 목표가 아니니까 얼마든지 계산기를 사용해도 괜찮아.

자, 모두 끝났어. 네가 작성한 탐구노트를 보니 아주 정확하게 이해했네. 그럼 이렇게 집에 있는 두루마리 화장지의 길이를 맞추어서 부모님께 리틀 수학자의 면모를 보여 주는 건 어때?